Kerstin Stephanie Larisch

Master en Derecho Tributario y Asesoría Fiscal

Master in Finanzrecht und Steuerberatung

Nichtresidente in Spanien

Praktischer Leitfaden durch den Behördendschungel

Inklusive detaillierter Anleitung

zum Ausfüllen des Modelos 210 bei Eigennutzung

5.Auflage

Stand September 2022

IMPRESSUM

***Ich habe aufgrund der Erteilung der spanischen Nationalität meinen Nachnamen von Bumiller auf Larisch Kries ändern müssen. In Spanien muss man immer die Nachnamen der Eltern tragen, auch wenn man verheiratet ist. Ich bin nach wie vor dieselbe Person. Aus pragmatischen Gründen habe ich nur den ersten Nachnamen gedruckt.**

Übersetzung: Larisch, Kerstin Stephanie

Herstellung und Verlag: AH Tales and Stories S.L., Torrevieja, Spanien

*ISBN: 978-8-4948-*3031-0

Bibliografische Information der Deutschen Nationalbibliothek:
Die Deutsche Nationalbibliothek verzeichnet diese Publikation in der Deutschen Nationalbibliografie; detaillierte bibliografische Daten sind im Internet über
http://dnb.d-nb.de abrufbar.

Kerstin Stephanie Larisch

Nichtresidente in Spanien

Praktischer Leitfaden durch den Behördendschungel

Inhalt

Kapitel 05:

Kapitel 06:

Kapitel 07:

00

Vorwort

Um die Dienste des spanischen Finanzamtes zu nutzen, um Deklarationen auszufüllen und zu präsentieren, muss Ihr PC den Anforderungen des Finanzamtes entsprechen. Dafür bietet das Finanzamt für Windows Betriebssystem eine EXE-Datei an, mit welcher Sie Ihren Browser konfigurieren müssen. Geschieht dies nicht, könnte es vereinzelt zu Fehlermeldungen kommen.

Sie finden den Link wie folgt:

https://www.sede.fnmt.gob.es/descargas/descarga-software

Dort bitte den ersten Punkt auswählen: *descarga Configurador FNMT-RCM* und die EXE-Datei dann ausführen.

Selbstverständlich müssen Sie die Cookie-Anfrage bejahen.

WINDOWS

Configurador FNMT-RCM

IMPORTANTE: Si ya tiene instalada una versión debe desinstalarla antes de proceder con la nueva instalación. Recuerde debe desinstalarla de forma manual desde Panel de Control - Agregar o quitar programas (Windows XP) , desde Panel de Control - Programas y características (Windows Vista / Windows 7 / Windows 8 / Windows 10).

Para su correcto funcionamiento descargue el ejecutable en su ordenador, cierre los navegadores, haga click sobre el mismo con permisos de administrador e instale el programa.

Descarga Configurador FNMT-RCM (Versión 3.5 ; EXE - 5,77 MB)

Tipp: Websites werden oft verändert. Sollte der Link nicht funktionieren, geben Sie z. B. unter Google ein: *Configurador automático FNMT.* Dort werden Sie dann direkt zum Link geführt. Dies können Sie mit allen anderen vorgestellten Anwendungen auch tun, falls sich die Website geändert hat. Vorzugsweise suchen Sie bei **www.google.es**.

Heutzutage sind in der Regel die Browser so konfiguriert, dass man die Webseiten der

Behörden ohne Vorinstallationen nutzen kann.

Es werden viele PDF-Dokumente aufgerufen und beschrieben. Man kann all diese Dokumente, durch die auf der jeweiligen Seite oben angezeigte Zoom-Funktion vergrößert am Bildschirm darstellen. Dies stellt eine echte Hilfe für Personen mit Sehproblemen dar.

Vorzugsweise arbeitet das FA (Finanzamt) mit dem Internet Explorer. Natürlich funktionieren auch alle anderen Browser, aber dies ist oft mit bestimmten Einstellungen verbunden. In diesem Buch wird vom Internet Explorer ausgegangen.

Ebenso sollten Sie sicherstellen, dass Sie ein PDF-fähiges Programm auf Ihrem PC installiert haben, zum Beispiel den Adobe Reader.

Diesen kann man kostenlos im Internet unter: http://get.adobe.com/de/reader/

herunterladen.

Adobe ist das bevorzugte Programm in diesem Buch.

Die Abbildungen in meinem Buch sind in größtmöglich dargestellt. Leider sind sie aus technischen Gründen oft etwas zu klein, um genaue Details lesen zu können.

Verstehen Sie diese Abbildungen jedoch als Stütze, ich führe Sie in dem Buch durch das Internet und zeige Ihnen damit die Bilder an, die dann erscheinen sollen, damit Sie eine kleine optische Hilfe haben.

01

Die N.I.E.-Nummer beantragen

Die NIE-Nummer ist der Schlüssel zu allem.

Beginnen wir einmal ganz von vorne. Um in Spanien in irgendeiner Art und Weise in Erscheinung zu treten, benötigt man eine NIE-Nummer.

Man will als Ausländer in Spanien dauerhaft leben, arbeiten, ein Auto zulassen, eine Immobilie kaufen oder ein Geschäft eröffnen. Egal wofür man sich entscheidet: Um rechtlich in Spanien tätig werden zu können, benötigt man die *NIE* (***N**úmero de **I**dentidad de **E**xtranjeros* = Ausländeridentifikationsnummer). Auf vielen Formularen findet man die Abkürzung *N.I.F.* (***N**úmero **I**dentificación **F**iscal* = Steueridentifikationsnummer), welche die Spanier haben. Man hat also mit der NIE das Pendant für die Ausländer geschaffen.

Die *NIE* ist eine persönliche Identifikationsnummer. Sie wird einer Person nur einmal zugeteilt und behält lebenslang ihre Gültigkeit. Beim Kauf wird in der Notarurkunde die *NIE* erfasst. Heiratet die Käuferin nach dem Kauf und ändert dabei den Nachnamen, kann sie später trotzdem ohne Probleme mit Hilfe der *NIE* ihre Identität nachweisen. Man sollte also bei Beantragung der NIE unbedingt darauf achten, den Geburtsnamen mit anzugeben, damit dieser in das *NIE*-Formular aufgenommen und dadurch eine spätere Identifikation leicht gemacht werden kann.

In Ermangelung einer *NIE* wurde früher oft die Ausweisnummer genommen. Da wir jedoch deutsche Staatsbürger spätestens nach 10 Jahren einen neuen Ausweis mit einer neuen Nummer bekommen, könnte dieses zu Problemen führen. Hatte die Käuferin den Namen wegen Heirat gewechselt, bekam sie einen neuen Ausweis mit einer anderen Nummer, gleiches bei Scheidung und anschließender Wiederheirat. Oft gelang es, das Problem mit Hilfe des Geburtsnamens zu lösen, aber eben nur, wenn dieser in den früheren Dokumenten angegeben worden war.

Die spanischen Behörden bemerkten dieses Problem mit der Zeit und verschärften seit 01. April 2006 die Vorschriften zur Verwendung der *NIE*, die nun bei jeder rechtlich relevanten Handlung vorgelegt werden muss. Kein Notar darf mehr ohne *NIE* beurkunden, kein Beamter mehr einen Verwaltungsakt ohne Vorlage der *NIE* erlassen.

Sollte eine *NIE* beantragt werden müssen, aber eine Reise nach Spanien nicht möglich sein, kann diese auch bei einem spanischen Generalkonsulat beantragt werden. Die Bearbeitung dauert allerdings 3 bis 6 Monate. Dafür sind die spanischen Konsulatsbeamten beim Ausfüllen des spanischen Antragsformulars behilflich.

Hierbei fallen Kosten für die Bearbeitung des Antrags durch die Behörde, die Beglaubigung des Personalausweises und die Anfertigung des Passfotos an.

Ist Eile geboten, kann der amtliche Vordruck für die *NIE*-Beantragung beim spanischen Innenministerium unter www.mir.es heruntergeladen, am heimischen PC ausgefüllt, ausgedruckt, anschließend unterschrieben und bei der zuständigen Ausländerbehörde persönlich beantragt werden. Dabei benötigen Sie ein gültiges Ausweisdokument, zwei Passbilder und den Nachweis, dass die amtliche Gebühr bezahlt worden ist.

Beim Ausfüllen des Formulars ist stets darauf zu achten, dass die Angaben ausschließlich in Großbuchstaben gemacht werden. Die

Erfahrung hat gezeigt, dass Antragsteller mit falsch ausgefüllten Formularen weggeschickt werden. In der Regel bekommt man das *NIE*-Dokument sofort ausgehändigt, nur wenn die Behörde eine Außenstelle ist, muss man ein weiteres Mal zur Abholung dort erscheinen.

Sofern man kein Spanisch spricht, besteht die Möglichkeit, professionelle Hilfe bei einem Anwalts- und Steuerbüro, einer *Asesoría oder Gestoría* in Anspruch zu nehmen. Dann muss man nur einmal mit dem Mitarbeiter der Kanzlei auf das Amt gehen, die anderen Wege werden von der Kanzlei erledigt. Die Kosten liegen je nach Aufwand zwischen 100,00 € und 150,00 €.

Mittlerweile wird auf verschiedenen Behörden die alte *NIE* auf dem gelben Formular nicht mehr anerkannt. Dieses Problem lässt sich durch die Beantragung eines Duplikats lösen, welches im aktuellen Format ausgehändigt wird. Das Prozedere hierzu ist das gleiche wie bei einem Neuantrag.

Fazit:

Die *NIE* sollte unbedingt beantragt werden. Schiebt man es auf die lange Bank, gerät man am Ende in unnötigen Zeitdruck – zumal Termine bei den Behörden online im Voraus beantragt werden müssen und hier unter Umständen mit langen Wartezeiten zu rechnen ist.

Download des Formulars:

Wie bereits im Text beschrieben, kann man das Formular der *NIE*-Nummer im Internet selbst ausfüllen und ausdrucken. Im folgenden Beispiel wird beschrieben, wie man das Formular zur Beantragung der *NIE*-Nummer ausfüllen kann.

Gehen Sie wie folgt vor:

Bevor Sie beginnen, sollten Sie sicherstellen, dass Sie ein PDF-fähiges Programm auf Ihrem PC installiert haben.

Man kann z.B. den Adobe Reader kostenlos im Internet unter: http://get.adobe.com/de/reader/ herunterladen (siehe Vorbemerkung!).

Öffnen Sie Ihren Browser (z. B. Internet Explorer, Edge, Firefox, Google Chrome oder Safari) und geben Sie folgende Adresse ein:

http://www.interior.gob.es

oder http://www.mir.es

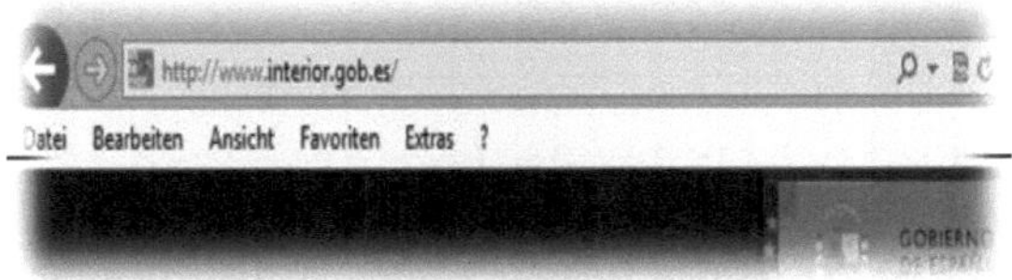

Klicken rechts auf *Trámites de Extranjería.*

Nun im linken Menu auf den Punkt Modelos de Solicitud.

Dann erscheinen die Modelos oder ein entsprechender Hinweis mit einem weiteren Link (die Seiten werden sehr oft verändert).

Falls der Link nicht geht, gelangen Sie auch mit dem folgenden Link direkt zu den Modelos:

https://extranjeros.inclusion.gob.es/es/ModelosSolicitudes/Mod_solicitudes2/index.html

Hier auf Modelos klicken

Modelos generales

En esta sección se pueden descargar los modelos oficiales, requeribles para el inicio de procedimientos en materia de documentación de extranjeros en España regulados por la Ley Orgánica 4/2000 sobre derechos y libertades de los extranjeros en España y su integración social.

- Modelo EX00 - Solicitud de autorización de estancia y prórrogas.
- Modelo EX01 - Solicitud de autorización de residencia temporal no lucrativa.
- Modelo EX02 - Solicitud de autorización de residencia temporal por reagrupación familiar.
- Modelo EX03 - Solicitud de autorización de residencia temporal y trabajo por cuenta ajena.
- Modelo EX04 - Solicitud de autorización de residencia para prácticas.
- Modelo EX05 - Solicitud de autorización de residencia temporal y trabajo Tarjeta Azul-UE.
- Modelo EX06 - Solicitud de autorización de residencia temporal y trabajo cuenta ajena de duración determinada.
- Modelo EX07 - Solicitud de autorización de residencia temporal y trabajo por cuenta propia.
- Modelo EX08 - Solicitud de autorización de residencia temporal y trabajo en el marco de prestaciones transnacionales de servicios.
- Modelo EX09 - Solicitud de autorización de estancia o residencia temporal con excepción de la autorización de trabajo.
- Modelo EX10 - Solicitud de autorización de residencia o residencia y trabajo por circunstancias excepcionales.
- Modelo EX11 - Solicitud de autorización de residencia de larga duración o de larga duración-UE .
- Modelo EX12 - Solicitud de autorización para trabajar .
- Modelo EX13 - Solicitud de autorización de regreso:
- Modelo EX14 - Solicitud de Informe previo para desplazamiento temporal de menores extranjeros.
- Modelo EX15 - Solicitud de Número de Identidad de Extranjero (NIE) y Certificados.

Hier scrollen Sie so weit herunter, bis Sie zum Antragsformular für die *NIE*-Nummer gelangen, welche als Vorlage EX-15 gekennzeichnet ist:

PDF Solicitud de Número de Identidad de Extranjero (NIE) y Certificados (EX-15)

Durch Anklicken dieser Datei öffnet sich ein PDF-Dokument. Dieses ist nun der eigentliche Antrag auf die *NIE*-Nummer.

EX-15

Solicitud de Número de Identidad de Extranjero (NIE) y Certificados (LO 4/2000 y RD 557/2011)

GOBIERNO DE ESPAÑA

Espacios para sellos de registro

1) DATOS DEL EXTRANJERO/A

N.I.E ___ - ___ - ___ Nº PASAPORTE ___

1º Apellido ___ 2º Apellido ___

Nombre ___ Sexo (1) H ☐ M ☐

Fecha de nacimiento (2) ___ / ___ / ___ Lugar ___ País ___

Nombre del padre ___ Nombre de la madre ___

Nacionalidad ___ Estado civil (3) S ☐ C ☐ V ☐ D ☐ Sp ☐

Domicilio en España ___ Nº ___ Piso ___

Localidad ___ C.P. ___ Provincia ___

Teléfono ___ Email ___

Representante legal, en su caso. D/Dª ___ PAS ___ DNI/NIE ___ Título (4) ___

2) DATOS DEL PRESENTADOR DE LA SOLICITUD (5)

Nombre/Razón Social ___ PAS ___ DNI/NIE ___

Domicilio en España ___ Nº ___ Piso ___

Localidad ___ C.P. ___ Provincia ___

Teléfono ___ Email ___

Representante legal, en su caso. D/Dª ___ PAS ___ DNI/NIE ___ Título (4) ___

3) DOMICILIO A EFECTOS DE NOTIFICACIONES

Nombre/Razón Social ___ PAS ___ DNI/NIE ___

Domicilio en España ___ Nº ___ Piso ___

Localidad ___ C.P. ___ Provincia ___

Teléfono móvil ___ Email ___

☐ Solicito/Consiento que las comunicaciones y notificaciones se realicen por medios electrónicos (6)

4) DATOS RELATIVOS A LA SOLICITUD (7)

4.1. Tipo de documento (art. 206)

☐ NÚMERO DE IDENTIDAD DE EXTRANJERO (NIE)

☐ CERTIFICADO
☐ De residente
☐ De no residente

4.2. Motivos

☐ Por intereses económicos ☐ Por intereses profesionales ☐ Por intereses sociales

(Especificar) ___

4.3. Lugar de presentación

☐ Oficina de Extranjería ☐ Comisaría de Policía ☐ Oficina Consular

4.4. Situación en España (8)

☐ Estancia ☐ Residencia

☐ CONSIENTO la comprobación de mis datos de identidad a través de los Sistemas de Verificación de Datos de Identidad (en caso contrario, deberán aportarse los documentos correspondientes)

……………………………, a …… de ………………………… de ………

FIRMA DEL SOLICITANTE (o representante legal, en su caso)

DIRIGIDA A: DIRECCIÓN GENERAL DE LA POLICÍA

EX - 15

*Hinweis (s. Vorwort!):

Es werden viele PDF- Dokumente aufgerufen und beschrieben. Man kann all diese Dokumente durch die angezeigte Zoom-Funktion vergrößert am Bildschirm darstellen. Dies stellt eine echte Hilfe für Personen mit Sehproblemen dar.

Ausfüllen des Formulars

Nun können Sie dieses Dokument direkt am PC ausfüllen oder ausdrucken und per Hand ausfüllen. Beim Ausfüllen per Hand müssen Sie darauf achten, nur Großbuchstaben zu verwenden.

Für diejenigen, die noch nicht sicher im Spanischen sind, folgt eine kleine Anleitung zum Ausfüllen dieses Dokumentes:

Sie beginnen rechts mit der Angabe Ihrer Reisepass- oder Personalausweisnummer.

Im Feld 1° *Apellido* tragen Sie den ersten Nachnamen ein.

Analog bei 2° *Apellido* den zweiten Nachnamen. Haben Sie nur einen Nachnamen, bleibt dieses Feld frei.

Bei *Nombre* tragen Sie alle Ihre Vornamen ein.

Unter *Sexo* versteht man das Geschlecht, Männer kreuzen hier das H (für *Hombre*), und Frauen das M (für *Mujer*) an. Mit *Fecha de nacimiento* ist das Geburtsdatum gemeint, bitte geben hier die komplette Jahreszahl an. Unter *Lugar* ist der Geburtsort einzutragen, bei *País* das Geburtsland.

Mit *Nombre de Padre* ist der Vorname des Vaters gemeint, analog ist *Nombre de madre* der Vorname Ihrer Mutter. Bitte füllen Sie diese Felder immer aus, auch wenn Ihre Eltern bereits verstorben sein sollten.

Nacionalidad ist die Nationalität, für Deutsch tragen sie bitte *alemania*, für österreichisch *austriaca* und für schweizerisch *suiza* ein. Unter dem *estado civil* versteht man den

Familienstand, S steht für ledig *(soltero)*, V für verwitwet (*viudo*), D für geschieden (*divorciado*) und Sp für getrennt lebend (*seperado*).

Mit *Domicilio en España* ist die Straße gemeint, im Feld N° die Hausnummer, unter *Piso* ggfs. das entsprechende Stockwerk. *Localidad* ist der Wohnort in Spanien, C.*P (codigo Postal)* steht für die Postleitzahl. Es folgt unter *Provincia* die Provinz. Im Feld *Teléfono* und E-Mail können Sie die Telefonnummer und die E-Mail-Adresse eintragen. Diese beiden Felder sind aber keine Pflichtfelder, d. h. die Angaben hierin sind freiwillig.

Den folgenden Abschnitt 2 können Sie überspringen. Dieser wird nur benötigt, wenn Sie einen Vertreter haben, wenn beispielsweise Ihr Steuerberater die *NIE*-Nummer für Sie abholen würde.

Im Abschnitt 3 können Sie eine abweichende Adresse angeben, falls sich die Postadresse von der Wohnadresse unterscheidet, aber es werden nur inländische Adressen angegeben. Gedacht ist das z. B. für Postfächer.

Das folgende Kästchen können Sie ankreuzen, wenn Sie generell nur elektronische Benachrichtigungen möchten. Kreuzt man dies an, sollte man natürlich auch die E-Mail-Adresse angegeben haben.

Unter dem Punkt 4 kreuzen Sie den ersten Punkt links an:

4) DATOS RELATIVOS A LA SOLICITUD (7)

4.1. Tipo de documento (art. 206)

☐ NÚMERO DE IDENTIDAD DE EXTRANJERO (NIE)

Unter 4.2.

Motivos, muss der Grund für die Beantragung der *NIE*-Nummer angegeben werden. Zum Beleg dieses Grundes müssen in der Regel Nachweise beigefügt werden. Zunächst wird der

Grund durch das Ankreuzen eines der nachfolgenden Felder eingeschränkt:

4.2. MOTIVOS

☐ Por intereses económicos ☐ Por intereses profesionales ☐ Por intereses sociales

(Especificar)

Por intereses economicos, bedeutet wirtschaftliche Interessen, z. B. ein Wohnungskauf. *Intereses profesionales* steht für berufliche Interessen, z. B. ein Arbeitsvertrag in Spanien. *Intereses sociales* steht für soziale Interessen, wie z. B. für einen Studienplatz.

Im Feld *espeficar* muss man das oben angekreuzte weiter spezifizieren. Bei Wohnungskauf schreibt man beispielsweise *comprar vivienda.*

Bei vielen Ämtern muss man die Dokumente bereithalten. Gibt man Wohnungskauf an, sollte man den entsprechenden Kaufvertrag oder Reservierungsvertrag samt Kopie dabei haben.

Punkt 4.3 sieht das Ankreuzen der Behörde vor, an welchem sie die *NIE*-Nummer beantragen. In Spanien selbst gibt es die ersten beiden Möglichkeiten, im Ausland ist es stets die verbleibende dritte Möglichkeit, das Spanische Konsulat.

4.3. LUGAR DE PRESENTACIÓN

☐ Oficina de Extranjería ☐ Comisaría de Policía ☐ Oficina Consular

Sollten Sie sich nicht sicher sein, lassen Sie das Feld frei. Der Beamte wird es für Sie ausfüllen Er weiß genau, für welche Behörde er arbeitet.

In Punkt 4.4 *Situatión en España* wird in unserem Beispiel das Feld *Estancia* angekreuzt (kurzer Aufenthalt).

Durch Ankreuzen im folgenden Feld

☐ CONSIENTO que las comunicaciones y notificaciones se realicen por medios electrónicos (6)

erklären Sie sich mit der Datenüberprüfung Ihrer Identität einverstanden. Hier werden auch der Ort und das Datum eingetragen.

Es folgt abschließend Ihre Unterschrift im davor vorgesehenen Kästchen:

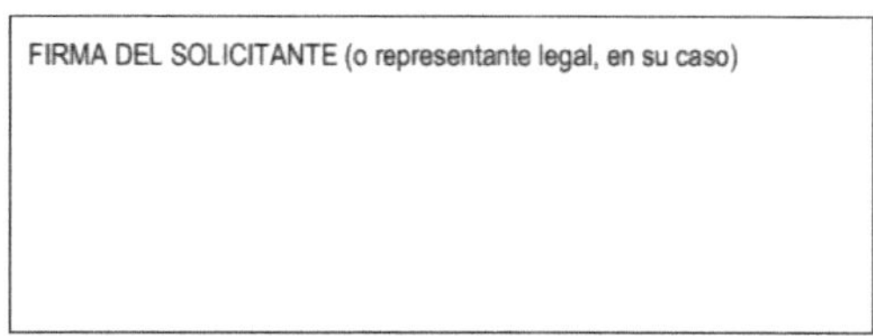

FIRMA DEL SOLICITANTE (o representante legal, en su caso)

Nach dem Ausfüllen fertigen Sie eine Kopie dieses Formulars an, kopieren ebenso Ihr oben angegebenes Identitätspapier (den Reisepass oder Ihren Personalausweis) und fügen 2 Passbilder bei.

Mit diesen Unterlagen und den Kopien können Sie nun online einen Termin beantragen. Spätestens seit der COVID-Pandemie kann man die Termine nicht mehr persönlich vereinbaren, sondern muss sich diese online besorgen. Hier ist oft Geduld gefragt, es kann Stunden, Tage oder gar Wochen dauern, bis das System Ihnen einen freien Termin vorschlägt. Dies ist sehr aufwendig, weil man bei jeder Anfrage die persönlichen Daten eingeben muss, um dann schlussendlich mitgeteilt zu bekommen, dass keine Termine frei sind.

Durch diesen Link können Sie zur Terminvereinbarung gelangen:

Proceso automático para la solicitud de cita previa (administracionelectronica.gob.es)

Wenn dieser Link mal verwaist sein sollte, über google suchen „*Cita Previa de extranjería*"

Hier angekommen, wählen Sie zunächst die Provinz aus, welche für Sie zuständig ist und bestätigen die Auswahl mit *Aceptar.*

INTERNET CITA PREVIA

Por favor, seleccione la provincia donde desea solicitar la cita previa.

PROVINCIAS DISPONIBLES Seleccionar ...

Aceptar Volver

Auf der folgenden Seite müssen Sie 3 Auswahlfelder betätigen:

1. Bei der Auswahl des Ortes der Behörde lassen Sie das Auswahlfeld auf *Cualquier Oficina (jede Behörde)* stehen, um mehr Termine innerhalb der Provinz zu bekommen.

2. Trámites Oficinas de Extranjería:

Wenn man oben beim Ort keine Auswahl getroffen hat, muss man jetzt *Registro* wählen; hat man oben eine Auswahl getroffen kann man direkt *Asignacion de NIE* auswählen.

3. Trámites cuerpo nacional de Policia:

Hier wählen Sie *Asignación de NIE* aus; der Punkt entfällt, wenn man bei Punkt 1. schon direkt den Ort ausgewählt hat.

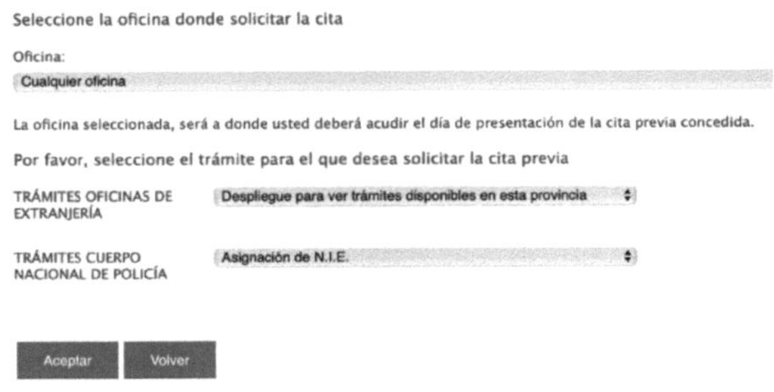
Seleccione la oficina donde solicitar la cita

Oficina:

Cualquier oficina

La oficina seleccionada, será a donde usted deberá acudir el día de presentación de la cita previa concedida.

Por favor, seleccione el trámite para el que desea solicitar la cita previa

TRÁMITES OFICINAS DE EXTRANJERÍA: Despliegue para ver trámites disponibles en esta provincia

TRÁMITES CUERPO NACIONAL DE POLICÍA: Asignación de N.I.E.

Aceptar Volver

Über *Aceptar* gelangen Sie weiter.

Dann erscheint eine Hinweisseite, was Sie alles zum Termin mitbringen müssen:

- Die Terminbestätigung (ausgedruckt)
- Das ausgefüllte Modelo EX-15
- Ausweis mit Kopie
- Bezahlte Tasa (Modelo 790)

Über *Entrar* gelangen Sie nun zur eigentlichen Terminsuche:

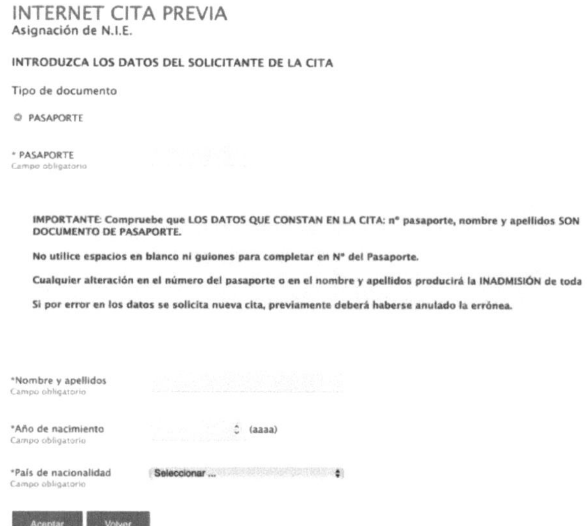

Bitte alle Felder **sorgfältig** ausfüllen, Ausweis- oder Passnummer, bitte dann auch dieses Dokument zum Antrag mitnehmen. Die hier eingetragene Ausweisnummer wird bei Ihrem Eintreffen zum Termin kontrolliert. Wenn nur eine Ziffer nicht stimmt, wird man Ihren Antrag nicht annehmen. Wenn Sie sich mit der Ausweisnummer anmelden, nehmen Sie auch genau dieses Dokument mit; respektive wenn Sie sich mit Reisepassnummer anmelden, nehmen Sie bitte den Reisepass mit.

Ausweisnummer

Vorname und Nachname

Geburtsjahr (Auswahlfeld)

Nationalität (Auswahlfeld)

Nach dem *Aceptar* kommt diese Seite, auf der Sie dann auf *Solicitar Cita* klicken.

Wenn es keinen Termin gibt, erscheint diese Seite:

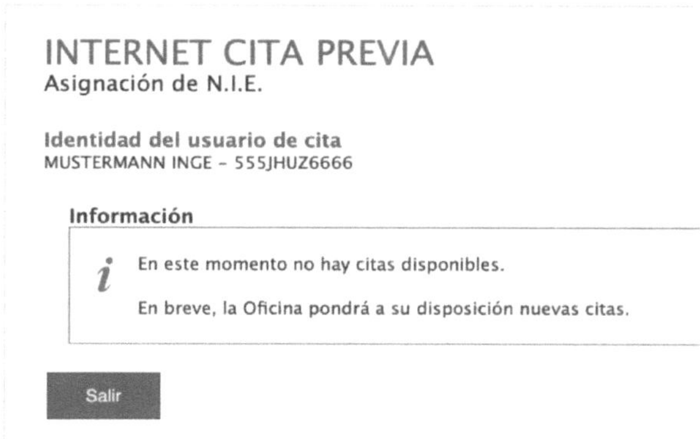

Sie können die Webseite einige Male aktualisieren – danach müssen Sie leider muss man dann das Ganze von vorne starten, d. h. die Daten erneute eingeben. Der Computer merkt sich leider nichts. Leider ist hier die Geduld eine Tugend.

Wenn es die Möglichkeit auf freie Termine gibt, erscheint diese neue Seite:

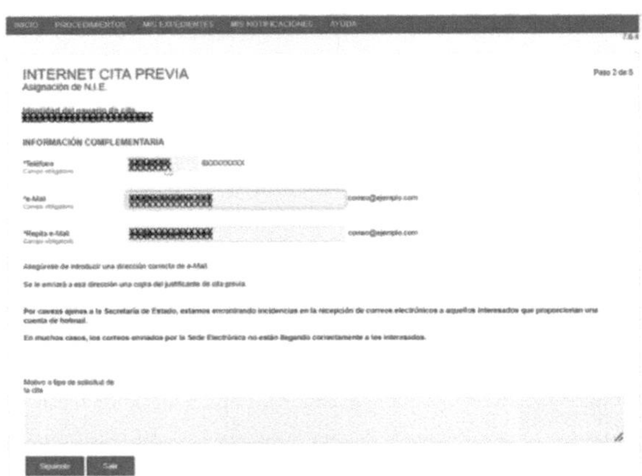

Die folgenden Felder sind wie folgt auszufüllen:

1. *Telefono:* Mobiltelefonnummer (an diese wird während des Buchungsvorgangs ein Code per SMS versandt).

2. *e-Mail*: E-Mail-Adresse für die Bestätigungsmail nach Abschluss des Buchungsvorgangs.

3. *Repite E-Mail:* Wiederholung der E-Mail-Adresse.

4. *Motivo o tipo de la cita:*

Können Sie frei lassen.

Bestätigen Sie mit *Siguiente*.

Bestenfalls werden Ihnen jetzt Termine zur Auswahl angezeigt (Beispiele von Mitte August).

INTERNET CITA PREVIA
Asignación de N.I.E.

Paso 3 de 5

A continuación, se le muestran las citas (DÍA y HORA) disponibles para que usted sea atendido

Seleccione una de las siguientes citas disponibles

CITA 1	CITA 2	CITA 3
Día: 23/08/2022	Día: 18/08/2022	Día: 19/08/2022
Hora: 11:30	Hora: 09:20	Hora: 09:10

*Por favor, valide el Captcha para poder continuar
Campo obligatorio

3ff8e

Introduzca el texto aquí

DISPONE DE 5 MINUTOS PARA COMPLETAR LA CONFIRMACIÓN DE ESTA CITA

Por favor, seleccione una de las citas y pulse el botón siguiente. En caso de que las citas mostradas no se ajusten a sus necesidades, deberá volver a acceder al sistema de cita previa desde la página de inicio o pulsar el botón cancelar

Wählen Sie sich einen Termin durch Anklicken aus und geben Sie das Captcha ein.

Bestätigen Sie mit *Siguiente*.

Sie werden sodann auf eine Seite weitergeleitet, auf der Ihre Angaben zusammengefasst sind. Bitte überprüfen Sie Ihre Eingaben. Im unteren Drittel der Seite finden Sie diese Angabe mit einem Feld zur Eingabe eines Codes.

Den Code, bestehend aus 5 Ziffern, sollten Sie zwischenzeitlich per SMS auf Ihr Mobiltelefon erhalten haben. Diesen geben Sie hier ein und kreuzen die beiden darunter befindlichen Kästchen an. Mit einem Klick auf das links unten befindliche *Confirmar* bestätigen Sie Ihre Auswahl.

Sie erhalten die Terminbestätigung angezeigt (Beispiel).

INTERNET CITA PREVIA
Asignación de N.I.E.

Paso 5 -

CITA CONFIRMADA Y GRABADA - FIN DEL PROCESO
Le informamos de que éstos son los datos de confirmación de su cita

Nº de Justificante de cita: 6C8XX14D

DATOS DEL CITADO

CITADO	XXXXXXXXXXXXXXXXXXXXXXX
Teléfono	XXXXXXX
Año de nacimiento	XXXX
e-Mail	XXX@XXXXXXXXXXX

DATOS DE LA CITA

Dirección	CNP Elche, El Abeto 1 Elche 03202
Día de la cita	XXXXXXX
Hora cita	09:20
Mesa	MESA 01

OTROS DATOS
Fecha de reserva de la cita: 22/08/2022
Tasa modelo 790 (Cod. 012) abonada en cualquier entidad bancaria. El impreso se podrá descargar y cumplimentar en el siguiente enlace:

https://sede.policia.gob.es:38089/Tasas/

Aviso: *Esta dirección de correo está destinada al envío de información y no está habilitada para la recepción de mensajes.*

Atentamente
Servicio de Cita Previa OEX Alicante

Ministerio de Hacienda y Administraciones Públicas

Damit ist Ihr Termin bestätigt. Zur Sicherheit drucken Sie diesen Zettel aus – eine Bestätigung erfolgt per E-Mail an die angegebene E-Mail-Adresse.

Hat man einen Termin, kann man nun die Tasa (Gebühr) online ausfüllen, als PDF speichern und ausdrucken.

https://sede.policia.gob.es:38089/Tasa790_012/ImpresoRellen

ar

Dieses online-Formular gliedert sich in vier Teile.

1. Identificación
2. Autoliquidación
3. Declarante
4. Ingreso

1. Identificaciín

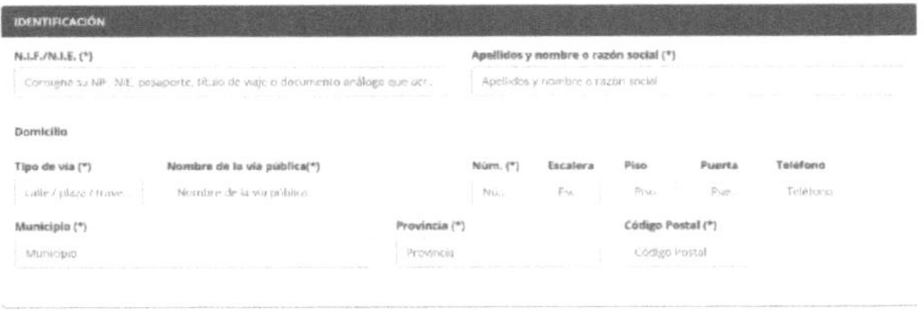

IDENTIFICACIÓN

N.I.F./N.I.E. (*)

Apellidos y nombre o razón social (*)

Domicilio

Tipo de vía (*)

Nombre de la vía pública(*)

Núm. (*)

Escalera

Piso

Puerta

Teléfono

Municipio (*)

Provincia (*)

Código Postal (*)

N.I.F/N.I.E.: Sie geben Ihre Ausweisnummer ein.

Apellidos y nombre o razón social: Hier geben Sie

Nachname und Vorname an.

Domicilio: In diese Felder tragen Sie Ihre spanische Anschrift (wenn vorhanden) ein; ansonsten Ihre deutsche Anschrift.

2. Autoliquidación

Hier wählen Sie *Asignación de Número de Identidad de Extranjero (NIE) a instancia del interesado.*

Asignación de Número de Identidad de Extranjero (NIE) a instancia del interesado.

3. Declarante

Hier tragen Sie Ort und Datum ein.

4. Ingreso

Wenn Sie unter Punkt 2 die richtige Auswahl getroffen haben (*Asignación de Número de Identidad de Extranjero (NIE) a instancia del interesado),* steht hier die entsprechende Gebühr in Höhe von 9,84 € (im Jahr 2022).

Kreuzen Sie dort *En efictivo* an. Eine Überweisung ist für Privatpersonen in der Regel nicht möglich. Zug guter Letzt geben Sie im unteren Bereich des Formulars das Captcha ein und klicken auf *Descargar impreso rellenado.*

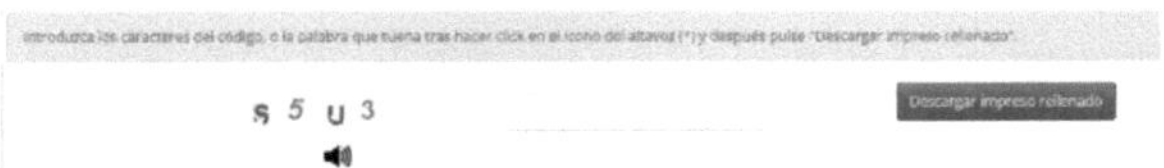

Überspringen Sie den Warnhinweis und drucken Sie dieses Formular aus.

Diese Tasa muss dann bei Ihrer Bank bezahlt werden und mit zum Termin genommen werden.

Bei Ihrem Termin beantragen Sie die *NIE* Nummer. Bei manchen Behörden muss man ein zweites Mal hingehen, um die Nummer wieder abzuholen.

Mit dieser *NIE*-Nummer können Sie aber noch keine Steuern bezahlen. Um dies zu können, muss Ihre *NIE*-Nummer zunächst dem Finanzamt bekannt gemacht werden. Dies geschieht über eine Aktivierung wie in Kapitel 2 beschrieben.

Im Jahr 2017 wurden *NIE*-Nummer Dokumente ausgestellt, die nur eine Gültigkeit von 3 Monate hatten. Das ist derzeit nicht mehr der Fall. Die Nummer selbst ändert sich zwar nie, Sie werden immer die gleiche Nummer behalten, doch wenn Sie diese bei Behörden benötigen (z. B. für eine Autoummeldung), dann müssen Sie darauf achten, dass Sie sich bei den *NIE*-Nummern aus dem Jahr 2017 ein Duplikat besorgen müssen wegen der 3-Monats-Begrenzung. Auch die ganz alten gelben *NIE*-Zettel sind nicht mehr gültig. Auch hier muss man ein Duplikat beantragen, das Procedere ist genau gleich wie beim Neuantrag, nur das entsprechend im Antrag *Duplikat* angekreuzt wird.

02

Aktivierung der N.I.E.-Nummer

Auch hier ist wieder wichtig, dass Sie ein PDF-fähiges Programm installiert haben. Mittlerweile ist der Punkt im Menu des Finanzamtes ziemlich versteckt und deswegen gebe ich Ihnen hier den direkten Link:

https://sede.agenciatributaria.gob.es/Sede/ayuda/consultas-informaticas/presentacion-declaraciones-ayuda-tecnica/modelo-030/presentacion-papel-modelo-030.html

Oder über Google Suche: „*Modelo 030 Presentación en Papel*“, dies sollte auch zielführend sein. Für den Fall, dass es das nicht mehr zum Download gibt, muss ein Termin beim Finanzamt beantragt werden, dort kann dann direkt das Modelo 030 ausgefüllt werden.

Ganz unten auf der Website ist der Punkt *Generar PDF*, diesen klicken Sie bitte an.

Hier kann noch ein Hinweis kommen, ob Sie das wirklich zulassen möchten und welche Seiten angezeigt werden sollen. Bitte den zweiten Punkt aktivieren und *Continuar* klicken.

La generación del PDF puede tardar varios minutos dependiendo de la cantidad de información.

Seleccione la información que desee incluir en el PDF:

- Sólo la página actual
- Todas las páginas del índice

Puede cancelar la generación del PDF en cualquier momento.

Cancelar Continuar

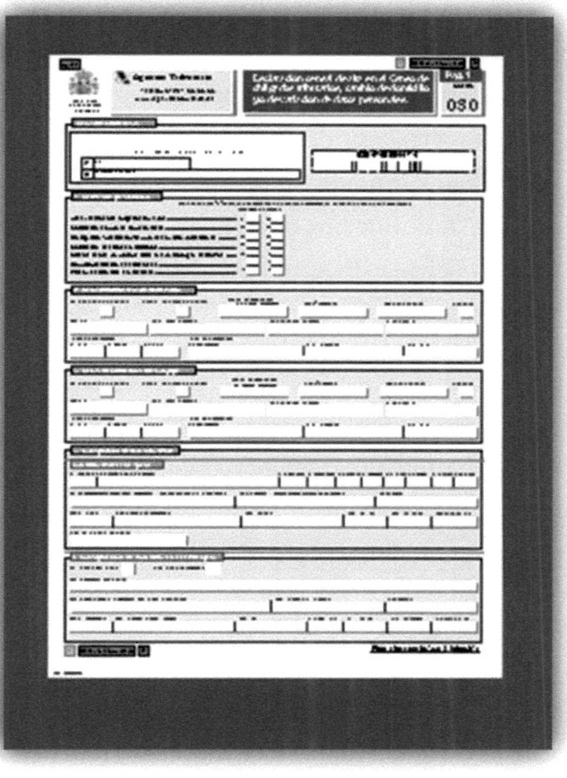

Ausfüllen des Formulars:

Um jetzt mit dem Ausfüllen zu beginnen, klicken Sie *Generar Codigo* und drucken das Formular aus. Leider ist mittlerweile die Funktion gesperrt, mit der man das Formular am PC ausfüllen kann; es ist davon auszugehen, dass man in Zukunft nur noch über das Benutzerzertifikat (Firma Electronica - im Folgekapitel) agieren kann.

Das Anklicken von G*enerar Codigo* ist sehr wichtig. Dadurch wird eine einmalige Formularnummer vergeben. Bei erneutem Anklicken dieses Feldes wird ein neues Formular mit einer neuen Nummer generiert, weil jedes Formular beim Finanzamt elektronisch gespeichert wird und somit keine Nummer doppelt vergeben werden darf. Sofern Sie das Formular also mehrmals ausfüllen möchten, bitte nicht einfach überschreiben, sondern klicken Sie, nachdem Sie Ihr Formular ausgedruckt haben, wieder auf *Generar Codigo* und schon haben Sie einen neuen elektronischen Code.

Im Klartext bedeutet dies, dass jedes Formular einzigartig und individuell ist. Sie können (wie übrigens bei allen anderen Formularen auch) keine Kopien durch mehrmaliges Ausdrucken für Ihre Freunde anfertigen, sondern müssen jedes Mal auf *Generar Codigo* klicken, um eine individuelle Vorlage zu bekommen.

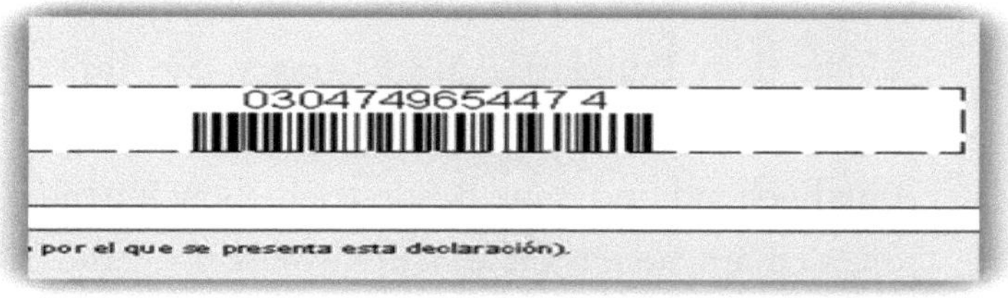
030474965447 4

por el que se presenta esta declaración).

Jetzt können Sie beginnen, das Formular auszufüllen.

Beginnen wir auch hier wieder mit einer Hilfe beim Ausfüllen:

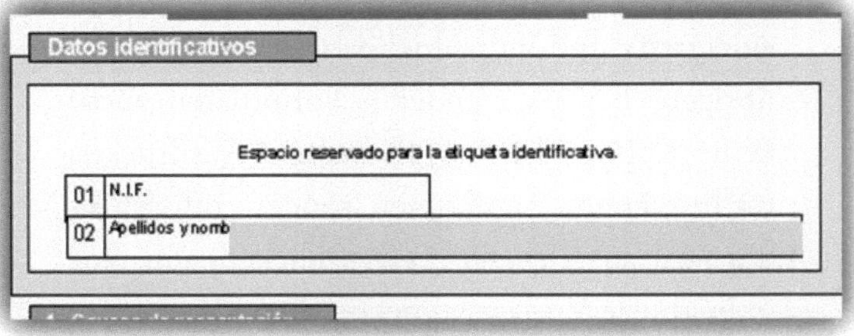

Datos identificativos

Espacio reservado para la etiqueta identificativa.

01 N.I.F.

02 Apellidos y nomb

Unter dem Punkt 01. N.I.F. tragen Sie Ihre *NIE*-Nummer ein. Und zwar alle neun Stellen durchgehend und ohne Bindestrich. Gewöhnen Sie sich am besten diese Schreibweise an. Eine *NIE*-Nummer besteht immer aus 9 Stellen, beginnend derzeit mit einem X oder Y, gefolgt von 7 Zahlen und abschließend einem Buchstaben.

Sollten Sie in Ihrer NIE-Nummer 10 Stellen und nach dem X oder Y eine 0 haben, so müssen Sie diese 0 jetzt weglassen.

In das Feld 02 kommen Ihr Nachname und Vorname. Bitte trennen Sie diese stets durch ein Komma, wie z. B.

Mustermann, Max. Dies ist sehr wichtig, denn wie Sie sich sicher vorstellen können, ist es für den spanischen Beamten sehr schwer, die Vor- und Nachnamen von Ausländern zu unterscheiden.

Im folgenden Abschnitt 1. *Causas de presentación* interessiert uns nur das Feld 101 und ggfs. das Feld 102.

Sie erkennen anhand der Auswahlmöglichkeiten, dass man dieses Formular für viele Dinge benutzen kann. So z. B unter anderem auch für eine Adressenänderung, eine Änderung des Zivilstandes oder wenn aus Nichtresidenten Residenten werden.

1. Causas de presentación

(Marque con una "X" la casilla o casillas que correspondan al motivo por el

	Interesado	Cónyuge
Alta en el Censo de obligados tributarios	101	102
Modificación/cambio de domicilio fiscal	103	104
Consignación/modificación/cambio de domicilio notificaciones	105	106
Modificación de datos identificativos	107	108
Solicitud de NIF por persona física que no dispongan de DNI/NIE	109	110
Cambio/modificación de estado civil	111	112
Petición de etiquetas identificativas	113	114

Sie sehen zunächst, dass die nummerierten Kästchen in zwei Spalten stehen. Die linke Spalte mit den ungeraden Nummern ist für den Antragsteller, die rechte Spalte für dessen Ehepartner vorgesehen. Ein Ehepaar braucht nur ein Formular ausfüllen, sofern beide das gleiche beantragen möchten.

In unserem Fall kreuzen wir nun das Feld 101 (Antrag auf Aktivierung der *NIE*-Nummer an).

Das Feld 113 können Sie aktivieren, wenn Sie den späteren Ausdruck von Klebeetiketten wünschen.

Nun kommt der Block 2, in welchem Sie Ihre persönlichen Daten eintragen:

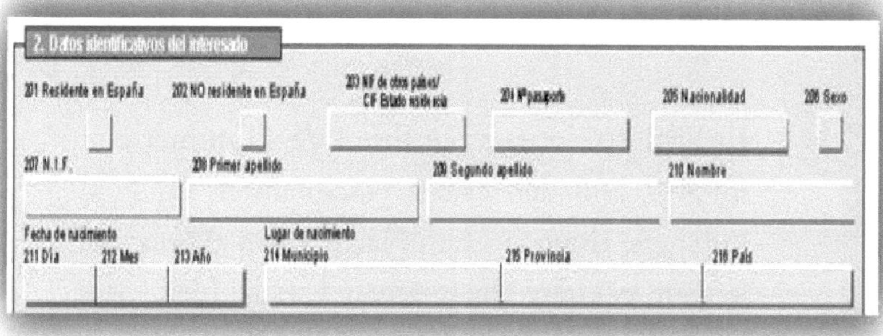

2. Datos identificativos del interesado

201 Residente en España
202 NO residente en España
203 NIF de otros países/ CIF Estado residencia
204 Nºpasaporte
205 Nacionalidad
206 Sexo
207 N.I.F.
208 Primer apellido
209 Segundo apellido
210 Nombre
Fecha de nacimiento
211 Día
212 Mes
213 Año
Lugar de nacimiento
214 Municipio
215 Provincia
216 País

Kreuzen Sie zunächst das Feld 202 an, welches aussagt, dass Sie Nichtresidente sind. Im Feld 203 geben Sie die Steuernummer aus dem Heimatland an, im Feld 204 die Nummer des Reisepasses oder Personalausweises.

Im Feld 205 geben Sie Ihre Nationalität an: Für Deutsch tragen Sie bitte *alemania*, für Österreichisch *austriaca* und für Schweizerisch *suiza* ein.

Das Feld 206 steht für das Geschlecht. Hier tragen Sie den jeweiligen Buchstaben H für *Hombre* (Mann) und M für *Mujer* (Frau) ein.

In Feld 207 tragen Sie Ihre *NIE*-Nummer ein, in Feld 208 den ersten Nachnamen, im Feld 209 ggfs. Ihren zweiten Nachnamen. Wenn Sie keinen zweiten Nachnamen haben, bleibt das Feld leer. In Feld 210 tragen Sie Ihren Vornamen ein. Sollten Sie mehrere Vornamen haben und das Feld nicht ausreichend sein, empfiehlt sich, nur Ihren Rufnamen einzutragen. Das Feld 211 bezieht sich auf den Tag, das Feld 212 auf den Monat und das Feld 213 auf das Jahr Ihrer Geburt.

Das Feld 214 steht für den Geburtsort, 215 für die Provinz/Bundesland in welcher/welchem Sie geboren wurden und 216 für das Geburtsland.

Zu Ihrer Information eine kleine Übersetzung der verschiedenen Bundesländer und Kantone:

Deutschland

Baden-Württemberg	*Baden-Wurtemberg*
Bayern	*Baviera*
Berlin	*Berlín*
Brandenburg	*Brandeburgo*
Bremen	*Bremen (estado)*
Hamburg	*Hamburgo*
Hessen	*Hesse*
Mecklenburg-	*Mecklemburgo-Pomerania*

Vorpommern	*Occidental*
Niedersachsen	*Baja Sajonia*
Nordrhein-Westfalen	*Renania del Norte-Westfalia*
Rheinland-Pfalz	*Renania-Palatinado*
Saarland	*Saarland*
Sachsen	*Sajonia*
Sachsen-Anhalt	*Sajonia-Anhalt*
Schleswig-Holstein	*Schleswig-Holstein*
Thüringen	*Turingia*

Österreich

Burgenland	*Burgenland*
Kärnten	*Carintia*

Niederösterreich	*Baja Austria*
Oberösterreich	*Alta Austria*
Salzburg	*Salzburgo*
Steiermark	*Estiria*
Tirol	*Tirol*
Vorarlberg	*Vorarlberg*
Wien	*Viena*

Schweiz

Zürich	*Cantón de Zúrich*
Bern	*Cantón de Berna*
Luzern	*Cantón de Lucerna*
Uri	*Cantón de Uri*
Schwyz	*Cantón de Schwyz*

Obwalden	*Cantón de Obwalden*
Nidwalden	*Cantón de Nidwalden*
Glarus	*Cantón de Glaris*
Zug	*Cantón de Zug*
Freiburg	*Cantón de Friburgo*
Solothurn	*Cantón de Soleura*
Basel-Stadt	*Cantón de Basilea-Ciudad*
Basel-Landschaft	*Cantón de Basel-Campiña*
Schaffhausen	*Cantón de Schaffhausen*
Appenzell Ausserrhoden	*Cantón de Appenzell Rodas Exteriores*
Appenzell Innerrhoden	*Cantón de Appenzell Rodas Interiores*
St. Gallen	*Cantón de St. Galo*
Graubünden	*Cantón de los Grisones*

Aargau	*Cantón de Argovia*
Thurgau	*Cantón de Turgovia*
Tessin	*Cantón de Tesino*
Waadt	*Cantón de Vaud*
Wallis	*Cantón de Valais*
Neuenburg	*Cantón de Neuchâtel*
Genf	*Cantón de Ginebra*
Jura	*Cantón de Jura*

Der folgende dritte Absatz ist analog für den Ehepartner vorgesehen. Im vierten Absatz wird die Wohnadresse in Spanien angegeben:

4. Consignación de domicilio fiscal

Domicilio fiscal en España

411 Tipo de vía | 412 Nombre de la vía pública | 413 Tipo Num. | 414 Núm. casa | 415 Calif. | 416 Bloque | 417 Portal | 418 Escal. | 419 Planta | 420 Puerta

421 Complemento domicilio (ej: Urbanización..., Polígono Industrial..., C.Comercial...) | 422 Localidad / Población (si es distinta de Municipio) | 429 e-mail

423 C. Postal | 424 Nombre del Municipio | 425 Provincia | 426 Tfno. Fijo | 427 Tfno. Móvil | 428 Núm. de FAX

430 Referencia catastral

Feld 411*: Tipo de vía* bezeichnet die Abkürzung des folgenden Feldes, so steht *CL* für Straße, *URB*. für Urbanisation*, RES*. für *Residencial*, *PQUE*. für *Parque* etc.

Feld 412: Name der Straße oder Urbanisation, in welcher Sie leben.

Feld 413: Art der Nummerierung, in der Regel wird hier NUM (für Nummer) eingetragen oder s/n (sin número) bedeutet ohne Nummer.

Feld 414: Hausnummer

Feld 415: Zusatz zur Hausnummer

Feld 416: Wohnblock

Feld 417: Portal

Feld 418: Treppe

Feld 419: Stockwerk

Feld 420: Tür

Sie sehen, der spanische Staat denkt an alle möglichen Varianten der Adressen, egal ob Sie in einem Haus oder in einem Mehrfamilienhaus leben.

Feld 421: Zusätze zur Adresse wie z. B. Ihre Urbanisation.

Feld 422: Stadt, wenn diese vom Feld 424 abweicht. Hier lernen Sie den Unterschied für *Localidad* (Stadt) und *Municipio* (Gemeinde) kennen. In Spanien haben Städte, wenn sie am Meer liegen, oft den Zusatz „*Costa*", aber die Gemeinde trägt nur den Stadtnamen ohne *Costa*.

423: Postleitzahl

424: Gemeinde

425: Provinz

426: Festnetznummer

427: Handynummer

428: Faxnummer

429: E-Mail-Adresse

430: Katasternummer (nur bei Eigentum)

Im letzten und fünften Abschnitt erklären Sie Ihren ausländischen steuerlichen Wohnsitz:

5. Consignación de domicilio en el extranjero

501 Domicilio fiscal
502 Otros domicilios
503 Domicilio (Address)
504 Complemento domicilio (si fuese necesario)
505 Población / Ciudad
506 e-mail
507 C. Postal (ZIP)
508 Provincia / Región / Estado
509 País
510 Cod. País
511 Tfno. Fijo
512 Tfno. Móvil
513 Núm. de FAX

Feld 501: Steuerwohnsitz

Feld 502: anderer Wohnsitz

Feld 503: Straße mit Hausnummer

Feld 504: weitere nötigen Angaben zur Straße

Feld 505: Wohnort

Feld 506: E-Mail- Adresse

Feld 507: Postleitzahl

Feld 508: Bundesland/Region/Staat

Feld 509: Land

Feld 510: Ländercode (DE für Deutschland, AU für Österreich, CH für Schweiz)

Feld 511: Festnetznummer

Feld 512: Handynummer

Feld 513: Faxnummer

Fahren Sie nun fort mit der Seite 3 (Die zweite Seite erstellt sich automatisch. Sie ist eine Kopie der ersten Seite).

Im sechsten Absatz geht es um die Benachrichtigungsadresse, also die Adresse, an welche Ihre Post gesendet werden soll.

6. Consignación del domicilio a efectos de notificaciones

Domicilio a efectos de notificaciones en España (si es distinto del fiscal, cumplimente el apartado 1 ó el 2 según estime oportuno)

1) 601 Tipo de vía 602 Nombre de la vía pública 603 Tipo Num. 604 Núm. casa 605 Calif. num. 606 Bloque 607 Portal 608 Escal. 609 Planta 610 Puerta

611 Complemento domicilio (ej: Urbanización, Polígono Industrial, C. Comercial.) 612 Localidad / Población (si es distinta de Municipio) 613 e-mail

614 C. Postal 615 Nombre del Municipio 616 Provincia 617 Tfno. Fijo 618 Tfno. Móvil 619 Núm. de FAX

620 Destinatario (si es distinto del declarante) 621 En calidad de: (representante, apoderado, familiar, etc...)

2) 622 APARTADO DE CORREOS NÚMERO: 623 Población / Ciudad

624 C. Postal 625 Provincia 626 Tfno. Fijo 627 Tfno. Móvil 628 Núm. de FAX

629 Destinatario (si es distinto del declarante) 630 En calidad de: (representante, apoderado, familiar, etc...)

Die Felder 601-619 sind analog zu den Übersetzungen der Felder 411-428. Hier handelt es sich um die eigene Adresse. Sollte es aber nicht die eigene Adresse sein, füllt man die folgenden Felder aus:

Feld 620: Inhaber der Adresse (z. B. der Name Ihres Steuerberaters, Nachbarn, Familienangehörigen etc.)

Feld 621: Funktion der in 620 benannten Person

Steuerberater (*Asesor fiscal*),

Nachbar (*vecino*),

Familienmitglied (*familiar*), etc.)

Feld 622: Postfachnummer

Feld 623: Ort

Feld 624: Postleitzahl

Feld 625: Provinz

Feld 626: Festnetztelefonnummer

Feld 627: Handynummer

Feld 628: Faxnummer

Feld 629: Name des Inhabers des Postfachs

Feld 630: Funktion der in 620 benannten Person (z. B. Steuerberater (*Asesor fiscal*), Nachbar (*vecino*), Familienmitglied (*familiar*), etc.)

Der siebte Abschnitt bezieht sich auf einen Bevollmächtigten, muss also in unserem Beispiel nicht ausgefüllt werden.

Der achte Abschnitt bezieht sich auf Ihren Familienstand.

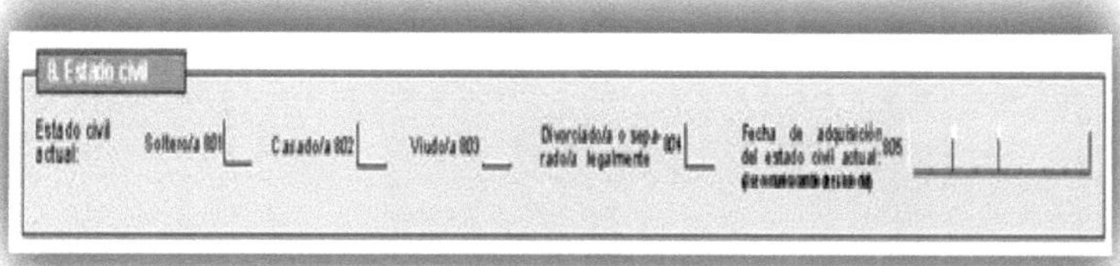

8. Estado civil

Estado civil actual: Soltero/a 801 Casado/a 802 Viudo/a 803 Divorciado/a o separado/a legalmente 804 Fecha de adquisición del estado civil actual: 805

Hier kreuzen Sie den jeweiligen Familienstand an:

Feld 801: ledig

Feld 802: verheiratet

Feld 803: verwitwet

Feld 804: geschieden oder getrennt lebend

Feld 805: Datum des Familienstandes (z. B. Hochzeitstag, Todestag des Ehepartners, Tag des Scheidungsurteils)

Im neunten und letzten Abschnitt bestätigen Sie die Richtigkeit, tragen das Datum ein und unterschreiben bei *Firma de interesado*, ggfs. unterschreibt der Ehepartner genau daneben im Feld *Cónyuge*.

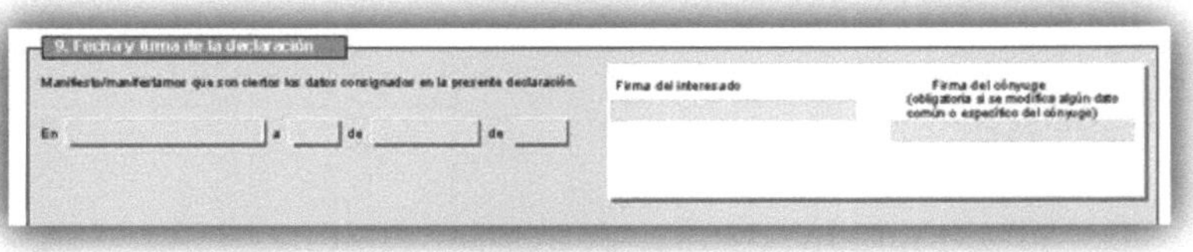

9. Fecha y firma de la declaración

Manifiesto/manifestamos que son ciertos los datos consignados en la presente declaración.

En ______ a ______ de ______ de ______

Firma del interesado

Firma del cónyuge
(obligatoria si se modifica algún dato común o específico del cónyuge)

Nach dem Ausfüllen drucken Sie das Formular aus. Sie erhalten vier Seiten. Unterschreiben Sie das Formular auf jeder Seite.

Fertigen Sie eine Kopie Ihres angegebenen Identifikationsdokumentes (Reisepass oder Personalausweis) sowie Ihrer *NIE*-Nummer an.

Ausgestattet mit den beiden genannten Kopien, den Originalen und dem ausgedruckten unterschriebenen Dokument gehen Sie zu Ihrem zuständigen Finanzamt (vorab muss ein Termin beantragt werden, eine sogenannte Cita Previa) und legen dort die Unterlagen vor. In der Regel müssen Sie eine Nummer am Eingang des Finanzamtes ziehen, in diesem Fall ziehen Sie eine Nummer für den Bereich *Censos.*

Der Beamte wird nun Ihre *NIE*- Nummer aktivieren.

Sie können sich einen Bogen Klebeetiketten ausdrucken lassen (sie sollten dazu das Feld 113 angekreuzt haben).

Auf den Klebeetiketten steht neben der *NIE*-Nummer ein Anagramm. Das ist wichtig für spätere Deklarationen, meistens sind es vier Buchstaben, die sich aus Ihrem Namen zusammensetzen. Neben dem Anagramm steht hinter der Abkürzung *ADMON* der Code Ihres Finanzamtes, wobei die ersten beiden Zahlen für die Provinz stehen. Aus datenschutzrechtlichen Gründen folgt zum besseren Verständnis eine Abbildung meines Etikettes:

Im vorangegangenen Text haben Sie sich sicher gefragt, warum hier so viele Daten abgefragt werden, wie z. B. die Vornamen Ihrer Eltern. Das hat etwas mit der spanischen Namensgebung zu tun.

Alle Spanier haben zwei Nachnamen, diese setzen sich wie folgt zusammen:

Der erste Nachname ist auch der erste Nachname des Vaters, der zweite Nachname ist der erste Nachname der Mutter.

Heißt also jetzt jemand z.B. Maria Hernandez Garcia, so hieß der Vater beispielsweise Jose Hernandez Álvarez und die Mutter Maria Garcia Gonzáles. Traditionell werden immer die Namen der Väter weitergegeben. So ist es möglich, eindeutige Familienzugehörigkeiten über Generationen zu erkennen.

Mittlerweile ist es allerdings möglich, dass man zuerst den ersten Nachnamen der Mutter und als zweites den ersten Nachnamen des Vaters nimmt. Diese Abweichung muss man bei der Eintragung ins Geburtenregister beantragen und bei allen Kindern fortführen.

Bei Einbürgerungen muss man stets einen doppelten Nachnamen annehmen. Genau so ist es mir ergangen, durch Erteilung der spanischen Staatsbürgerschaft habe ich jetzt die Nachnamen meiner Eltern, obwohl ich verheiratet bin.

03

Das digitale Zertifikat

In Zeiten, in denen eine Vielzahl von Angelegenheiten mit Behörden online geregelt werden kann, entstehen auch die entsprechenden Instrumente hierzu.

Das digitale Zertifikat ist ein bequemes Mittel zur Behördenkommunikation. Es gibt mehrere Möglichkeiten ein digitales Zertifikat zu erhalten: Über die Stadtverwaltung (*Ayuntamiento*), über die Einzugsbehörde für Steuern (*Suma*) oder über die Sozialversicherung (*Seguridad Social*). Das Zertifikat der Seguridad wird von der spanischen Notenbank (*Real Casa de la Moneda*) ausgestellt und bietet die umfangreichsten Möglichkeiten. Daher empfiehlt es sich, dieses zu beantragen.

Dazu gehen Sie wie folgt vor:

Sie suchen in der Suchmaschine Ihrer Wahl nach „*seguridad social cita pr*evia *sin certificado*“ oder rufen die Seite der Sozialversicherung auf:

Selección de organismo para solicitar cita previa-Cita Previa Sin Certificado (seg-social.es)

Dort wählen Sie *Instituto nacional de la*

Seguridad Social.

Auf der nächsten Seite werden Sie gebeten, Ihre persönlichen Daten einzugeben. Sie beginnen mit Ihrem Vor- und Nachnamen „*Nombre y apellidos*“, gefolgt von der dem Dropdownfeld mit der Auswahl „*Tipo*“, ob Sie eine NIF oder eine NIE haben (Ausländer haben immer die *NIE*). Sodann geben Sie bitte unter „*Numero de documento*“ Ihre *NIE*-Nummer ein, gefolgt von „*Teléfono móvil*“ Ihrer Handynummer und „*Correo electronico*“, also Ihrer E-Mail-Adresse.

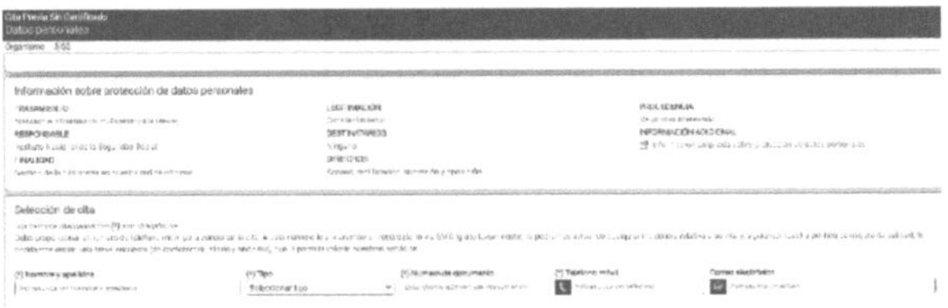

Eine Zeile darunter müssen Sie die zuständige Zweigstelle der Sozalversicherung auswählen. Unter: „*Búsqueda de citas por código postal, provincia y centro*“ öffnen Sie bitte das Dropdownfeld und wählen die Ihrer Postleitzahl am nächsten gelegenen Zweigstelle aus: "*Primera cita disponible en el centro más próximo a este código postal*".

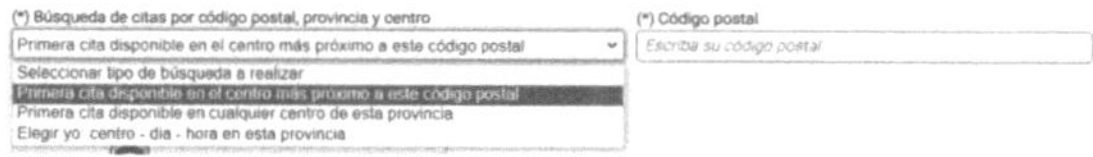

Nach dieser Auswahl gegen Sie daneben bitte die Postleitzahl Ihres Wohnortes an.

Sodann müssen Sie noch die Sicherheitsabfrage beantworten. Hier wird ein wenig spanisch benötigt; die gängigen Übersetzungsprogramme sollten hier aber problemlos helfen können. In unserem Beispiel ist eine Rechenaufgabe zu lösen (*4-1*) und die Antwort ist „*Tres*“.

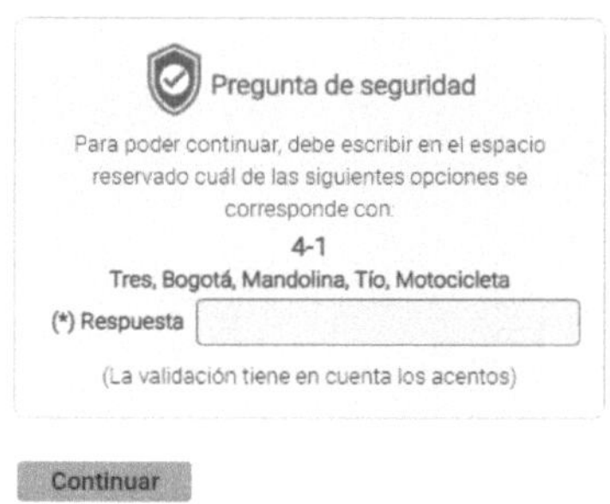

Gehen Sie weiter mit „*Continuar*“.

Auf der nächsten Seite müssen Sie die Art des gewünschten Termins auswählen. Sie möchten einen Termin für „*Certificado digital o Cla@ve permanente*“.

Wenn es keinen freien Termin gibt, erscheint ein kleines Nachrichtenfeld mit folgender Mitteilung:

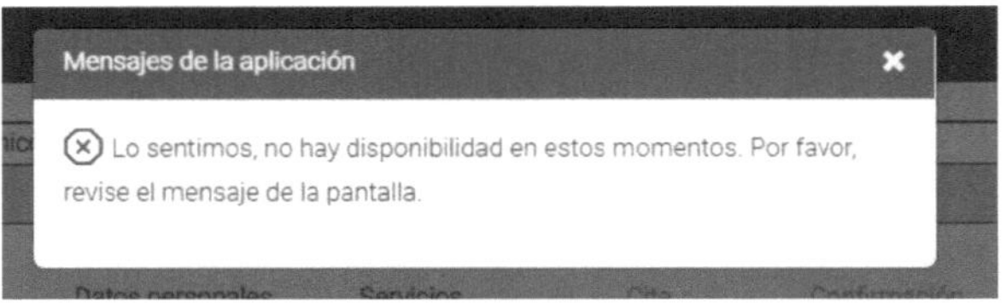

Wenn Sie Erfolg haben und es gibt freie Termine, werden Ihnen diese zusammen mit der Anschrift der Behörde, des Wochentages und der Uhrzeit zur Auswahl angezeigt.

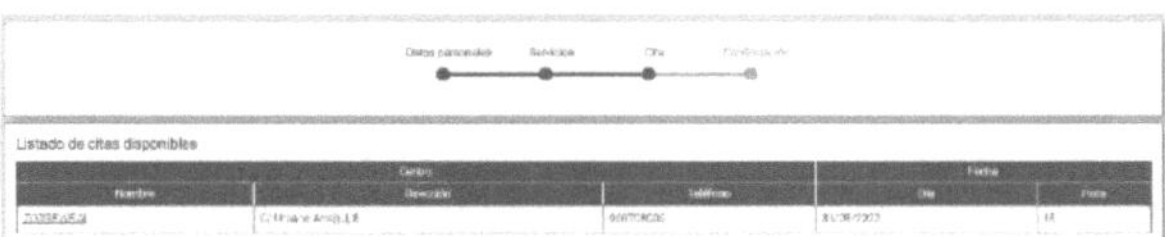

Durch Auswahl und bestätigen kommen Sie dann zur Terminbestätigung.

Alternativ kann man auch bei dem Finanzamt über den Punkt CITA Previa einen Termin für das digitale Certificado digital machen. Der schnellste Weg ist über eine Suchmaschine: *Agencia Tributaria Cita Previa* einzugeben.

Und schon erscheint dieser Link:

https://sede.agenciatributaria.gob.es/Sede/procedimientoini/GC29.shtml

Hier klicken Sie die erste Möglichkeit

Solicitud de cita previa para particulares an.

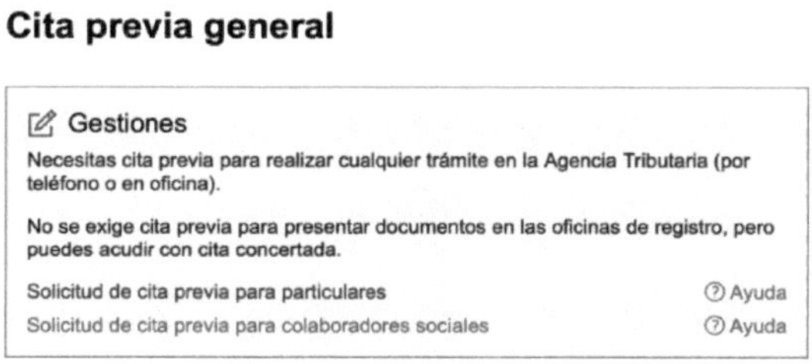

Cita previa general

Gestiones

Necesitas cita previa para realizar cualquier trámite en la Agencia Tributaria (por teléfono o en oficina).

No se exige cita previa para presentar documentos en las oficinas de registro, pero puedes acudir con cita concertada.

Solicitud de cita previa para particulares Ayuda

Solicitud de cita previa para colaboradores sociales Ayuda

Nun geben Sie Ihre NIE Nummer im ersten

Feld und im zweiten Feld Nachname Vorname ein

Gestión de Cita previa

Identificación

Acceso a petición Cita Previa de la Agencia Tributaria

* Introduzca NIF/NIE

* Introduzca primer apellido, segundo apellido y nombre

Dann klicken Sie auf Enviar

Nun kommt eine Liste mit der möglichen Auswahl, wofür der Termin sein soll. Wir wählen den Punkt:

Gestión Censal, Cl@vePIN y acreditación certificado digital

Darunter wählen Sie diesen Punkt Personas fisicas…:

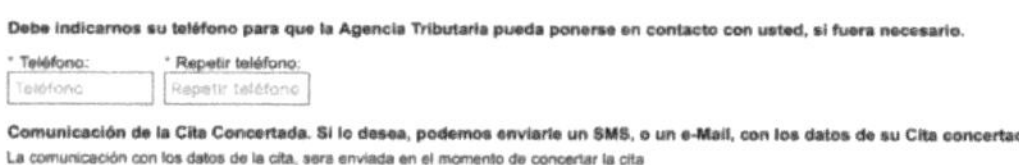

Weiter unten geben wir unsere Telefonnummer (span. Handy) ein, welche wir zur Bestätigung im rechten Kästchen nochmal wiederholen

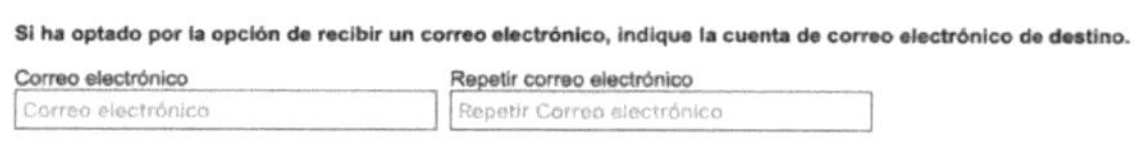

Wenn Sie keine spanische Mobilnummer haben geben Sie weiter unten Ihre Mail ein, auch wieder doppelt:

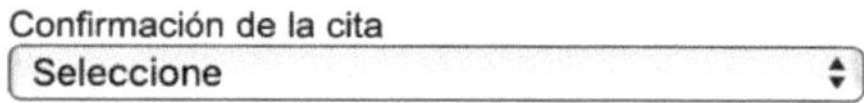

Dann bestätigen Sie über den Punkt Confirmación de la cita, hier treffen Sie die Auswahl, ob Sie per SMS oder Mail benachrichtigt werden.

Confirmación de la cita

Seleccione

Dann kommt ein Feld, in welchen Sie sich aussuchen wo der Termin stattfinden soll. Im ersten Auswahlpunkt wählt das System ein Finanzamt in der Nähe. Im zweiten Punkt können Sie über die PLZ ein Finanzamt suchen und im dritten Punkt geben Sie die Provinz vor. Bitte wählen Sie einen Punkt und klicken anschließend auf Enviar.

Im Anschluss finden Sie eine Auswahl, die blau hinterlegten Tage sind verfügbar, durch anklicken des Tages kommen verschiedene verfügbare Uhrzeiten zur Auswahl, welche Sie bestätigen müssen.

Wenn alles ausgewählt wurde, können Sie nun den Termin über diesen Button bestätigen:

Confirmar Cita en el día y tramo horario marcado

Dann erhalten Sie jetzt die SMS oder Mail Bestätigung, und auf dem Bildschirm erscheint jetzt der Termin.

Jetzt steht der Termin fest und Sie sollten nun über die Website der FNMT.es das Procedere für das *Certificado digital* beginnen.

Bitte zunächst die Cookies über Acepto annehmen, damit es keine Einschränkungen gibt.

Wir wählen den Punkt Sede electronica

Und dort Obtenga/ Renueve su certificado Digital

Hier den Punkt Persona Fisica

Certificados

La FNMT-RCM como Prestador de Servicios de Certificación pone a su disposición diferentes tipos de certificados electrónicos mediante los cuales podrá identificarse y realizar trámites de forma segura a través de Internet.

En función del destinatario de los mismos, la FNMT-RCM emite los siguientes tipos de certificados digitales que podrá solicitar a través de nuestra SEDE Electrónica:

Persona Física

Links ist ein Menu, auf welchem wir den Punkt

Obtener Certificado Software auswählen

Persona Física

Obtener Certificado Software

Obtener Certificado con DNIe

Obtener Certificado con Android

Verificar estado

Renovar

Anular

Nun wieder links auf den Punkt solicitar certificado.

Ein Hinweis, haben Sie einen älteren PC sollten Sie die angebotene configuración previa nutzen, damit es auch später läuft.

Software necesario para la solicitud del certificado

CONFIGURADOR FNMT-RCM

La Fábrica Nacional de Moneda y Timbre ha desarrollado esta aplicación para solicitar las claves necesarias en la obtención de un certificado digital. Puede ser ejecutada en cualquier navegador y sistema Operativo.

Una vez descargado e instalado el software no es necesario hacer nada, este se ejecutará cuando el navegador lo requiera.

Área de Descarga de Configurador FNMT

Ganz unten können Sie die Datei laden und dann später installieren.

Wir gehen jetzt mit dem Punkt solicatar certificado weiter:

Solicitar Certificado

Es erscheint diese Eingabemaske:

2. Solicitar Certificado

SOLICITUD DE CERTIFICADO FNMT DE PERSONA FÍSICA

Para tramitar la solicitud de su Certificado FNMT de Persona Física, por favor introduzca la información requerida:

Nº DEL DOCUMENTO DE IDENTIFICACIÓN

PRIMER APELLIDO(tal y como aparece en su documento de identificación)

CORREO ELECTRÓNICO

Confirme aquí su CORREO ELECTRÓNICO

INSTRUCCIONES:

- Recuerde que para evitar problemas en la solicitud y descarga de su certificado es necesario haber configurado correctamente su navegador. En nuestra sede electrónica encontrará el software de configuración automática.
- El nº del documento de identificación (NIF / NIE) deberá tener una longitud de 9 caracteres. Rellene con ceros a la izquierda si es necesario
- Asegúrese de que el correo electrónico asociado a su certificado es correcto, ya que a través de éste se enviarán todas las notificaciones sobre el ciclo de vida de su certificado.

Pulse aquí para consultar y aceptar las condiciones de expedición del certificado

Enviar petición

IMPORTANTE: Con la emisión de su nuevo certificado FNMT de Persona Física el solicitante autoriza a la FNMT-RCM a revocar y dejar sin efecto cualquier certificado del mismo tipo que la FNMT-RCM le haya emitido con carácter previo e idénticos nombre, apellidos y NIF.

Sie füllen die Angaben aus und bitte den blau hinterlegten Text anklicken, damit bestätigen Sie die Konditionen.

Pulse aquí para consultar y aceptar las condiciones de uso del certificado

Anschließend drücken Sie auf *SEND request.*

Bei manchen Browsern (das hängt von den Sicherheitseinstellungen ab) erscheint nun diese Meldung, welche Sie bitte mit „Ja" bestätigen.

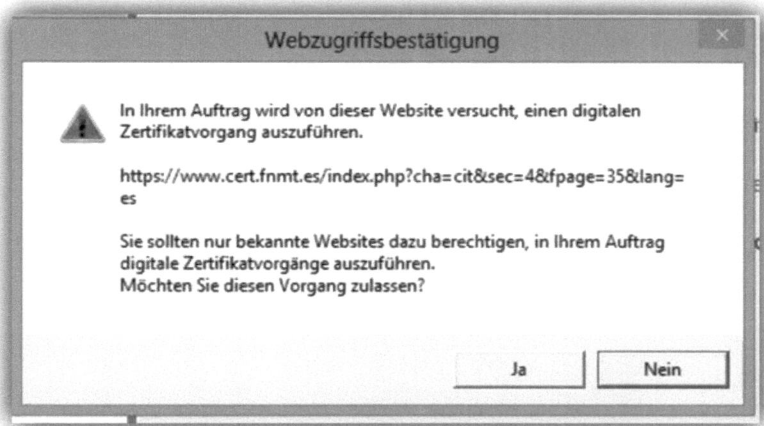

Jetzt bekommen Sie eine E-Mail zugesandt.

Diese E-Mail müssen Sie nun ausdrucken. Zusammen mit Ihrem Ausweisdokument, Ihrer *N.I.E.*-Nummer, Kopien der beiden Dokumente und diesem Zahlencode gehen Sie zu der Stelle, wo Sie zuvor den Termin vereinbart haben. Dort unterschreiben Sie ein Dokument. Im Anschluss an diesen Termin erhalten Sie eine Mail mit dem Hinweis, dass Sie nun das Certificado herunterladen können. Falls kein Link dabei ist, wiederholen Sie wieder alle Schritte und wählen dann aber den Punkt Obtenga su certificado aus.

WICHTIG: Antrag und Herunterladen müssen vom selben PC sein.

Obtener Certificado software

El proceso de obtención del Certificado software (como archivo descargable) de usuario, se divide en cuatro pasos que deben realizarse en el orden señalado:

1. Configuración previa. Para solicitar el certificado es necesario instalar el software que se indica en este apartado.
2. Solicitud vía internet de su Certificado. Al finalizar el proceso de solicitud, usted recibirá en su cuenta de correo electrónico un Código de Solicitud que le será requerido en el momento de acreditar su identidad y posteriormente a la hora de descargar su certificado.
3. Acreditación de la identidad en una Oficina de Acreditación de Identidad. Una vez completada la fase anterior y esté en posesión de su Código de Solicitud, para continuar con el proceso deberá Acreditar su Identidad en una de nuestras Oficinas de Acreditación de Identidad.
   Para su comodidad, puede usted hacer uso de nuestro servicio LOCALIZADOR DE OFICINAS.

   NOTA: En las oficinas de la AEAT, Seguridad Social y en otras oficinas se requiere de cita previa, consulte con la propia oficina.
4. Descarga de su Certificado de Usuario. Aproximadamente 1 hora después de que haya acreditado su identidad en una Oficina de Acreditación de Identidad y haciendo uso de su Código de Solicitud, desde aquí podrá descargar e instalar su certificado y realizar una copia de seguridad (**RECOMENDADO**).

Si está interesado en adquirir una tarjeta o USB criptográficos de la FNMT entre en nuestro CATÁLOGO DE SERVICIOS

Hier den allerletzten Punkt Descarga de su certificado de Usuario auswählen.

Hier Ihre NIE Nummer, den ersten Nachnamen und den Antragscode eingeben. Wieder den blau hinterlegten Link klicken und nach unten scrollen, um die Geschäftsbedingungen zu akzeptieren.

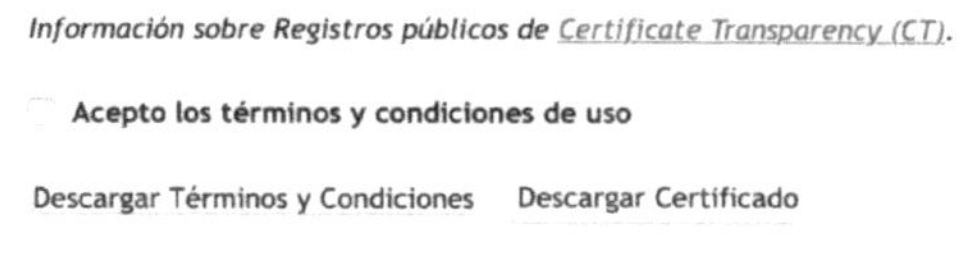

Dann können Sie das Certificado herunterladen über descargar certificado.

Es erfolgt eine Meldung, dass das *Certificado* installiert wurde.

Sie können das wie folgt kontrollieren: Gehen Sie im Internetexplorer auf Internetoptionen.

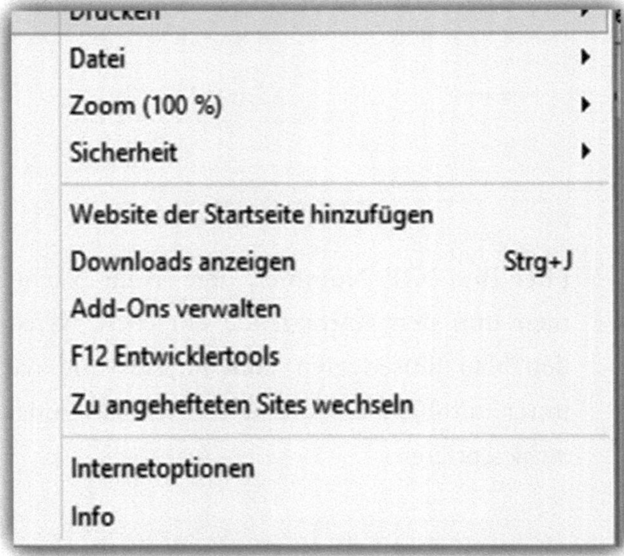

Dort wählen Sie den Punkt Inhalte.

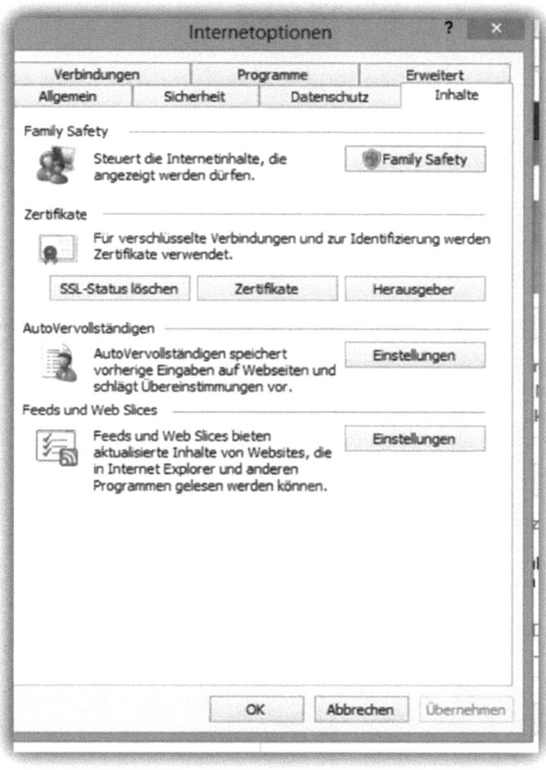

Unter dem Punkt „Zertifikate“ können Sie kontrollieren, ob es installiert ist. Es steht unter „eigene Zertifikate“ und beginnt mit *NOMBRE*, dann folgt Ihr Nachname und ausgestellt ist es von *FNMT Clase 2A*.

Von dort aus können Sie das Zertifikat auch Exportieren. Dies ist zu empfehlen, damit Sie es eventuell auf einem anderen Computer installieren können. Zum Exportieren wählen Sie das Zertifikat aus und klicken auf „Exportieren".

Beim neuen IE kann man direkt nach dem Punkt Zertifikate suchen.

Klicken Sie auf „Weiter".

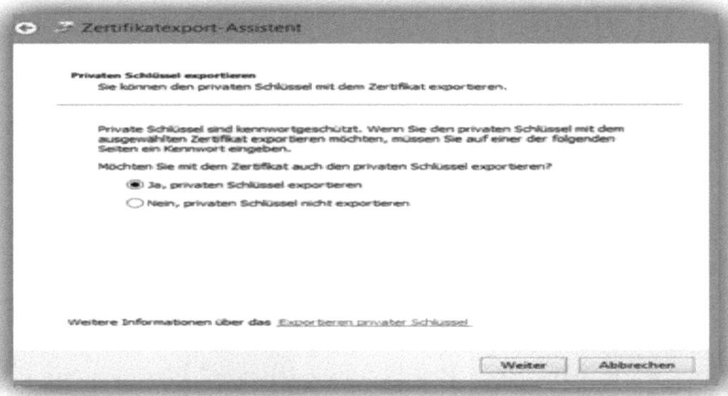

Aktivieren Sie den ersten Punkt, „Ja, privaten Schlüssel exportieren".

Klicken Sie auf „Weiter".

Das folgende Fenster sollte dann so aussehen:

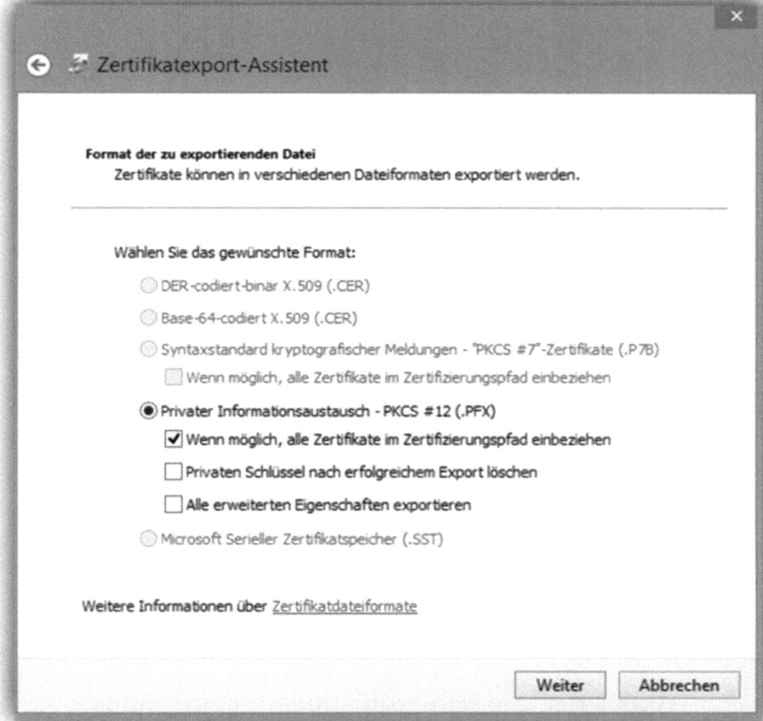

Klicken Sie auf „Weiter“:

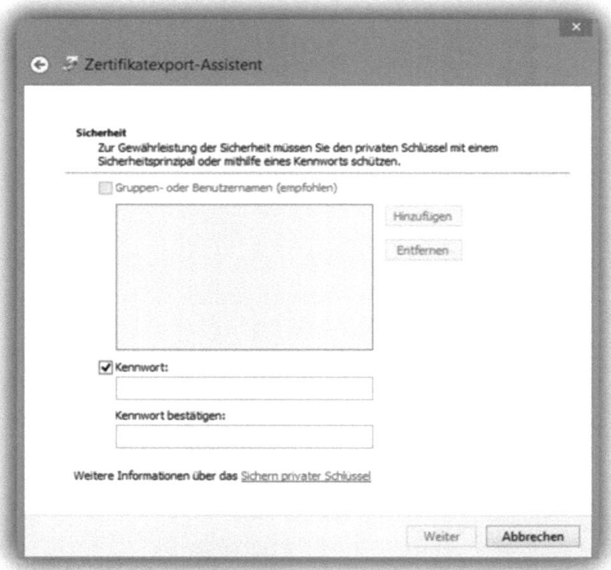

Aktivieren Sie ein von Ihnen ausgewähltes Kennwort und geben es bei „Kennwort bestätigen“ ein zweites Mal ein. Klicken Sie auf „Weiter“. Es folgt:

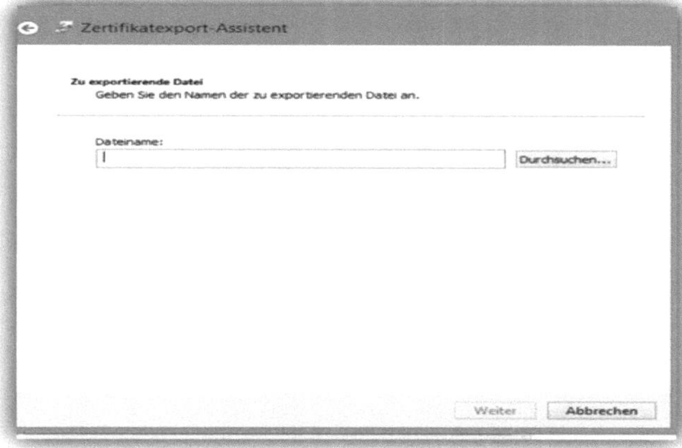

Geben Sie einen Dateinamen ein, z.B. Mustermann, Max Zertifikat FNMT

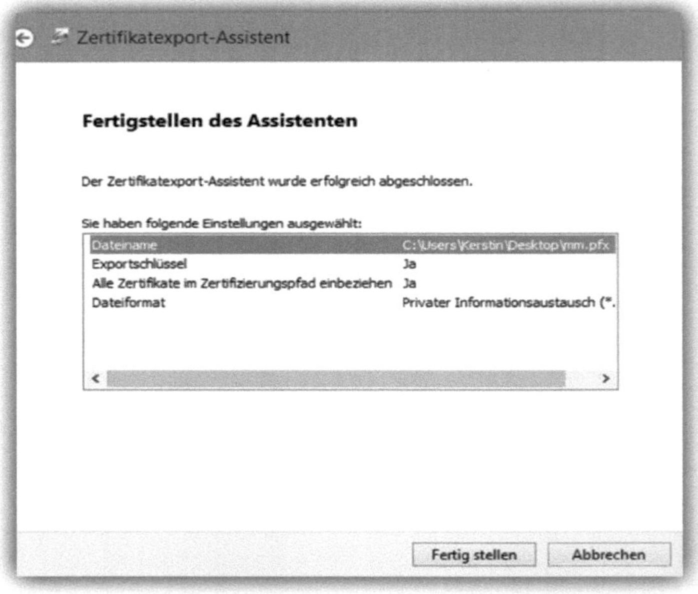

Abschließend klicken Sie auf „Fertig stellen“. Nun sollte die Datei auf Ihrem Desktop erscheinen.

Von hier aus können Sie diese z. B. auf einen USB-Stick kopieren.

04

Erwerb einer Immobilie

Einmal mit der *N.I.E.*-Nummer ausgestattet, kann man jetzt eine Immobilie erwerben.

Generell wird beim Kauf empfohlen, sich von einem Anwalt begleiten zu lassen, doch sollten Sie den Schritt allein wagen, geben wir Ihnen die wichtigsten Dinge an die Hand, auf welche Sie unbedingt beim Kauf achten sollten:

Checkliste zum Kauf und Einbehalt der 3% *Retención*

- Lassen Sie sich vorab vom Eigentümer eine Kopie der Besitzurkunde geben (*Escritura de Compraventa)*

- Besorgen Sie sich mit der Kopie *der Escritura* beim Grundbuchamt einen Grundbuchauszug der Immobilie. Damit können Sie überprüfen, ob diese lastenfrei ist.

- Neuerdings muss man den Valor referencia abfragen, liegt dieser über dem Verkaufswert, wird die Steuerberechnung immer vom höheren Wert genommen.

- Lassen Sie sich Kopien von allen Versorgungsverträgen aushändigen, wie z. B. Strom-, Wasser- und Gasverträge. Telefonieren Sie mit den Vertragspartnern, um in Erfahrung zu bringen, ob unbezahlte Rechnungen vorliegen.

- Lassen Sie sich den letzten Grundsteuerbeleg geben. Auch hier empfiehlt sich der Gang zum Rathaus oder *Suma-*

Büro, um in Erfahrung zu bringen, ob es da noch Altlasten gibt.

- Bei Nichtresidenten-Verkäufern muss eine *NIE*-Nummer vorliegen. Seit 2004 ist es Pflicht, diese zu haben.

- Verlangen Sie eine Kopie der *Cédula de Habitalidad.* Dies ist eine Bewohnbarkeitsbescheinigung. Sie wird bei der Ummeldung von Strom und Wasser auf Ihren Namen benötigt. Ebenso wird beim Erwerb das Energiezertifikat (CEE) benötigt.

- Sofern es eine *Administracíon de fincas* gibt, verlangen Sie ein Zeritifikat, dass dort alle Zahlungen auf dem Laufenden sind. Eine andere Möglichkeit ist, sich den jüngsten Zahlbeleg und eine aktuelle Kopie der Eigentümerversammlung geben zu lassen. Dort werden nämlich säumige Zahler in einer Liste aufgeführt.

- Leisten Sie erst eine Anzahlung, wenn

alles überprüft ist. Dieser Anzahlung sollte ein privatschriftlicher Vertrag zugrunde liegen. In der Regel wird vereinbart, dass die Anzahlung verloren geht, sollte der Käufer vom Vertrag zurücktreten.

- Wenn dies alles vorliegt, kann der Notartermin gemacht werden.

- Sind die Verkäufer Nichtresidenten, erhalten diese nur 97% der Kaufsumme, 3% müssen Sie als Käufer mittels des *Modelo 211* bezahlen. Das dient dazu, dass auf die Steuerschuld des Zugewinnes des Verkäufers schon ein Abschlag gezahlt wird. Dies ist im Gesetz so vereinbart und ist Bestandteil Ihrer notariellen Kaufurkunde.

- Achten Sie darauf, dass in der Notarurkunde der Verkäufer zur Zahlung der *Plusvalía* (Gemeindezuwachssteuer) verpflichtet wird. Doch hier ist Vorsicht geboten; denn zahlt der Verkäufer die

Plusvalía nicht, haften Sie letztendlich mit der erworbenen Immobilie für die Schulden des Verkäufers. Deswegen empfiehlt es sich, diese Steuer vorher beim Rathaus ausrechnen zu lassen, diesen Betrag vom Kaufpreis einzubehalten und die *Plusvalía* dann selbst zu bezahlen.

- Innerhalb von einem Monat muss nun die Übertragungssteuer (derzeit 10% vom eingetragenen Kaufpreis (ist aber abhängig von der Provinz, in der Sie leben) mit dem *Modelo 600* bezahlt werden. Ebenso muss innerhalb dieser Frist das bezahlte *Modelo 600,* die bezahlte und bestätigte *Plusvalía* samt der *Escritura de Compraventa* und einer Copia simple (einfache Abschrift) beim *Oficina de Liquidador* eingereicht werden. Das *Oficina de Liquidador* überprüft den Steuerbeleg und stempelt die *Escritura* ab.

Erst dann können Sie diese dem Grundbuchamt vorlegen und registrieren lassen. In der Regel sitzt das Oficina de Liquidador im Grundbuchamt, so dass Sie nach dem Besuch dort oft nur einen Schalter weiter gehen müssen. Nach ca. einem Monat sollte die Registrierung abgeschlossen sein und Sie stehen als neuer Eigentümer im Grundbuch.

Diese Checkliste dient nur als Anhaltspunkt und ersetzt nicht den Besuch beim Anwalt.

Nachfolgend eine Erläuterung der im obigen Text erwähnten *Modelos*. Zunächst das *Modelo 211*. Dieses dient zum Einbehalt der 3% bei nichtresidenten Verkäufern:

Das Formular 211

Öffnen Sie im Webbrowser folgende Seite:

https://sede.agenciatributaria.gob.es

Klicken Sie auf der hier in der ersten Reihe links auf *Presentación de declaraciones, calendario del*

contribuyente

Presentación de declaraciones, calendario del contribuyente

Accede a todas las declaraciones, modelos y formularios, y a sus plazos de presentación

Dann rechts auf *Todas las declaraciones por modelo* > dan auf *Presentar y consulatar declaraciones por modelo*

Dort scrollen Sie bis zum *Modelo 211*:

Modelo 210

IRNR- Impuesto sobre la Renta de no residentes sin establecimiento permanente. Declaración ordinaria.

Modelo 211

IRNR- Impuesto sobre la Renta de no Residentes. Retención en la adquisición de bienes inmuebles a no residentes sin establecimiento permanente.

Modelo 213

IRNR. Gravamen especial sobre bienes inmuebles de entidades no residentes.

Nach Anklicken des *Modelo 211* erscheint folgender Inhalt:

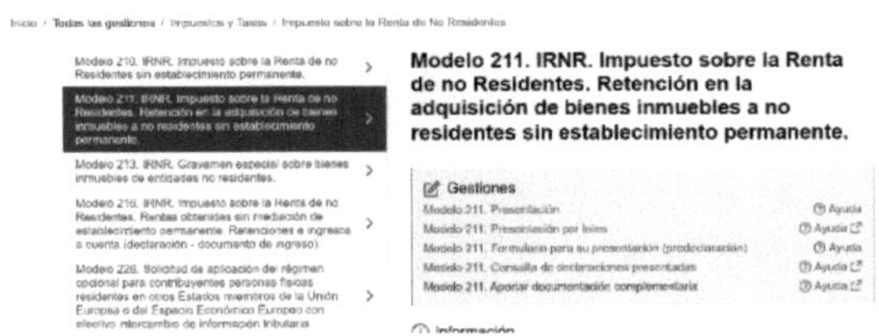

Hier wählen Sie den Punkt *Modelo 211. Formulario para su presentación (predeclaracion)* aus. Es öffnet sich ein Webformular.

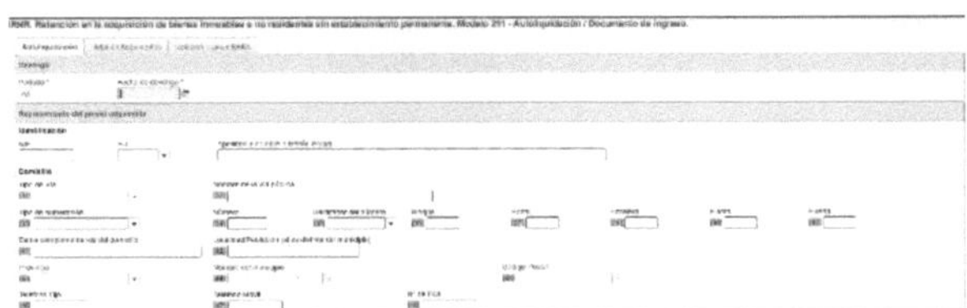

Hier müssen zunächst alle Daten eingegeben werden. Erst nach Eingabe kann man ganz unten mittig den Punkt *Validar declaración (Überprüfung der Erklärung)* anklicken.

Wenn ein unten „*No existen errores*“ erscheint ist alles richtig und Sie können unten rechts auf *Seleccionar Ingreso/Devolución*“ klicken.

Jetzt müssen Sie im kommenden Block *a ingresar* (zum Bezahlen auf der Bank) anklicken.

Tipo de declaración

Resultado positivo

- A ingresar
- Ingreso por transferencia desde el extranjero

Die Summe scheint automatisch in einem gelb hinterlegten Feld. Wenn Sie möchten können Sie über den Button Exportar das ganze abspeichern, dann haben Sie eine txt Datei, die man später wieder importieren kann.

Dann klicken Sie rechts auf generar predeclaracion

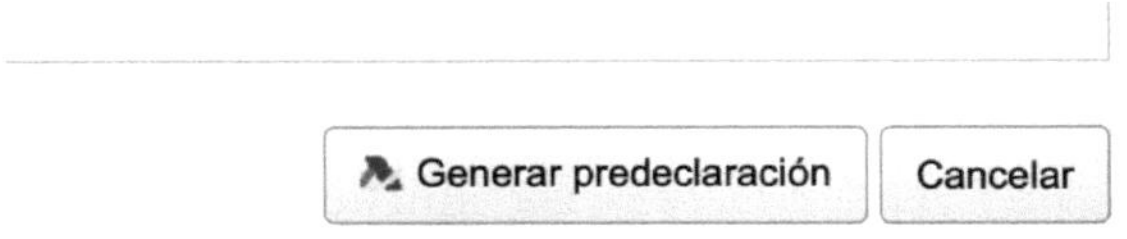

Es entsteht ein PDF-Dokument, welches man ausdrucken und bei der Bank zum Bezahlen vorlegen kann. Nachdem Sie das Dokument innerhalb von 30 Tagen bezahlt haben, sind Sie verpflichtet, ein Original an den Verkäufer weiterzuleiten.

Hier die detaillierte Ausfüllanleitung:

In das allererste Feld kommt das Datum des Beurkundungstermins der *Escritura*:

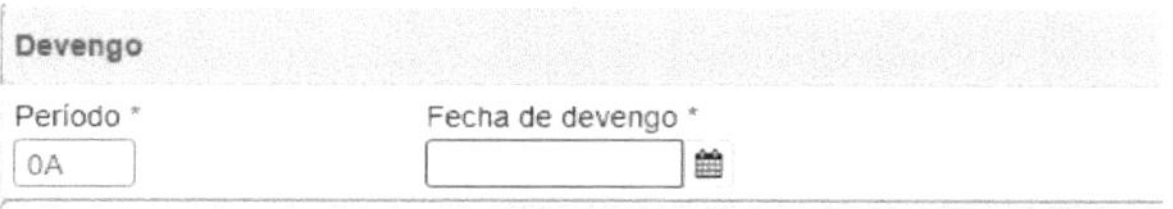

Dann kommen oben drei Abschnitte (wie Karteikarten), eine die direkt auf dem Bildschirm erscheint und zwei andere in welchen zum einem die Daten des Käufers und zum anderen die des Verkäufers eingetragen werden müssen.

Anhand der vorangegangenen Erläuterungen sind Ihnen alle Begriffe bereits bekannt:

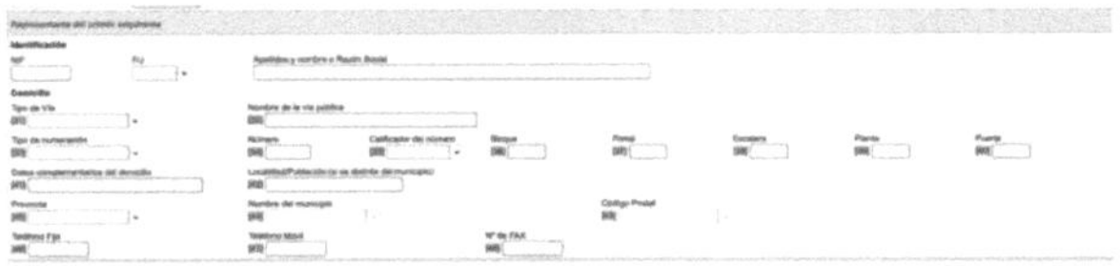

Das kommende Feld Representante del adquirente steht für Ihren steuerlichen Vertreter.

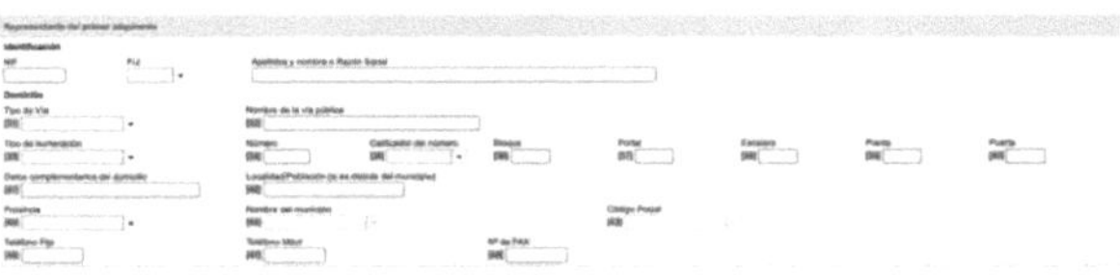

Nun kommen Daten der Immobilie, mit Angabe der Katasternummer (Referencia Catastral) Tipo de documeto, Auswahlfeld, bei Notarurkunden ist immer documento público auszuwählen.

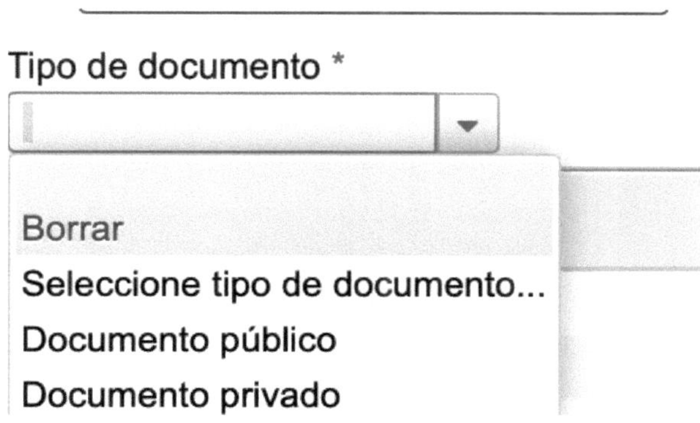

Im Feld Notario, der Name des Notars und n° de Protocolo, die Urkundennummer der Escritura.

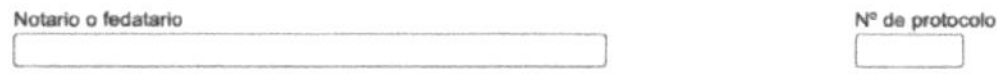

Im Block Liquidación wird der Verkaufspreis eingetragen. Die 3% errechnet die Seite selbst.

Nun gehen Sie zu Karteikarte Relación Adquirientes. Hier kommen die Daten des Käufers. Hier gibt es zwei neue Begriffe, das Auswahlfeld *F/J* steht für folgendes:

F bedeutet, dass es sich um eine natürliche Person handelt und *J* steht für eine juristische Person, z. B. wenn die Immobilie einer Gesellschaft gehört hat.

Coef. Participacion ist der Anteil in Prozent. Handelt es sich um ein Ehepaar wird dort eine 50 eingetragen.

Falls Sie dieses Formular wirklich selbst machen möchten, ist es wichtig, die Steuernummer und das Geburtsdatum sowie Geburtsort des Verkäufers zu haben und zwar die von seinem ausländischen Wohnsitz.

NIF * | F/J * | Apellidos y nombre o Razón Social *
NIF (en el país de residencia) | C/O * | Coef. Participación % *

Domicilio

Tipo de Vía | Nombre de la vía pública
Tipo de numeración | Número | Calificador del número | Bloque | Portal | Escalera | Planta
Datos complementarios del domicilio | Localidad/Población (si es distinta del municipio)
Provincia | Nombre del municipio | Código Postal
Teléfono Fijo | Teléfono Móvil | Nº de FAX

Weiter unten in Dirección en el país de residencia kommt die Heimatadresse des Käufers:

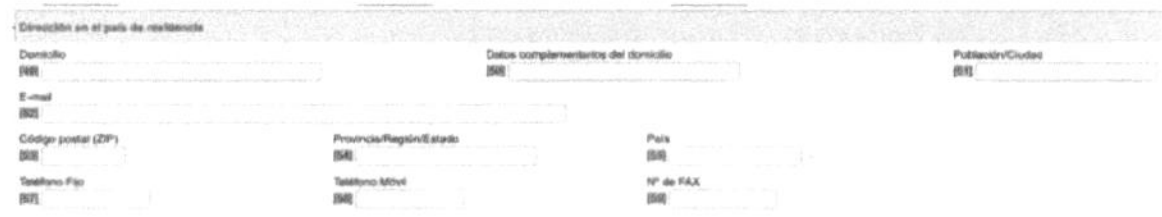

Dirección en el país de residencia

Domicilio | Datos complementarios del domicilio | Población/Ciudad
E-mail
Código postal (ZIP) | Provincia/Región/Estado | País
Teléfono Fijo | Teléfono Móvil | Nº de FAX

Analog wird die Karteikarte Relación de Transmitentes mit den Daten der Verkäufer ausgefüllt.

Relación Transmitentes

Hier sind die Felder genauso benannt wie in der Karteikarte vom Käufer.

Wenn sie alles ausgefüllt haben können

Sie mit dem Punkt Validar declaración die Richtigkeit überprüfen.

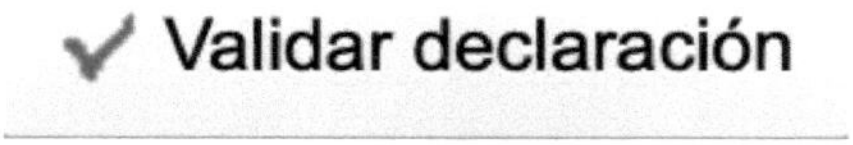

✓ Validar declaración

Dann klicken Sie unten rechts auf den Punkt Selecionar Ingreso/Devolución

Seleccionar Ingreso/Devolución

Dann klicken Sie rechts auf generar predeclaracion

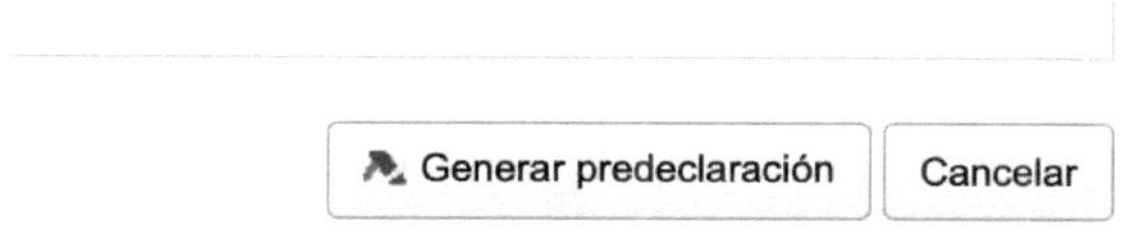

Es generiert sich eine PDF mit welcher Sie bei Ihrer spanischen Bank bezahlen können.

Dann klicken Sie rechts auf generar predeclaracion

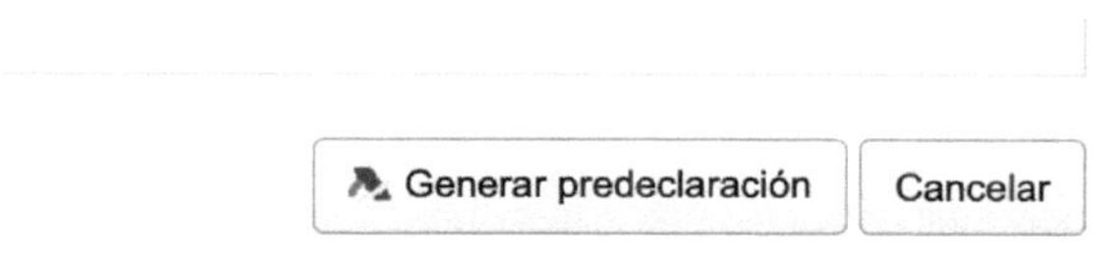

Für alle Personen die aus dem Ausland überweisen möchten. Sie kreuzen anstatt *a Ingresar* den Punkt *Ingreso por transferencia desde el extranjero* an.

Tipo de declaración

Resultado positivo

A ingresar

Ingreso por transferencia desde el extranjero

Datos de forma de pago

Ingreso efectuado a favor del tesoro público. Cuenta restringida de colaboración en la recaudación de autoliquidaciones.
ES8790000001200270002107

Titular de la cuenta: Número de Identificación Fiscal

Apellidos y Nombre / Razón social

Unión Europea/SEPA

Número de cuenta (IBAN)

SWIFT-BIC

Hier geben Sie rechts Ihre NIE Nummer an, den Nachnamen und Vornamen, sowie die Bankverbindung (erste 8 Ziffern der IBAN) von welcher die Überweisung getätigt wird.

Dann wie oben weiter beschrieben am die Predeclaración generieren. Sie erhalten explizite Anweisungen in der zweiten Seite wie Sie die Überweisung auszuführen haben.

Die Übertragungssteuer

Um das *Modelo 600* (Übertragungssteuer-ITP) zu erledigen, gehen Sie in das *Oficina de Liquidadora* und kaufen sich ein Exemplar, denn diese Modelle variieren je nach Provinz. Oftmals kann man auch den *Liquidador* (Angestellter im *Oficina de Liquidadora*) bitten, es auszufüllen.

Zur Vervollständigung bilde ich hier ein gültiges *Modelo* der *Generaltitat Valenciana* ab, welches man aus dem Internet herunterladen kann.

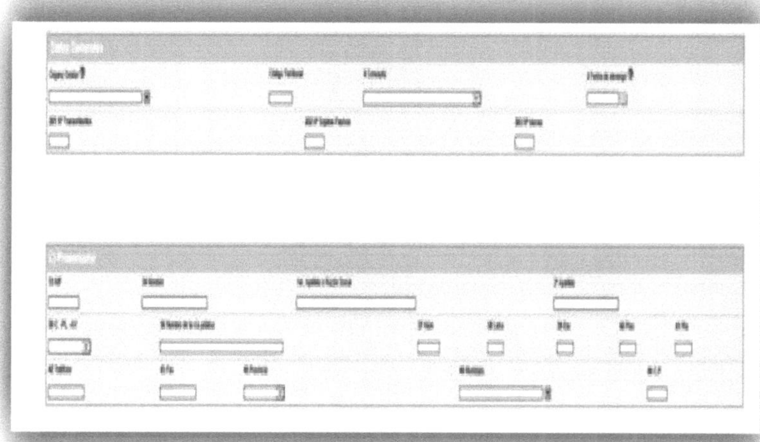

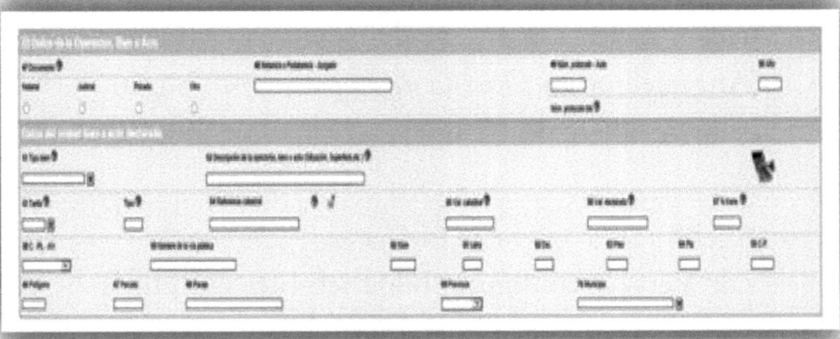

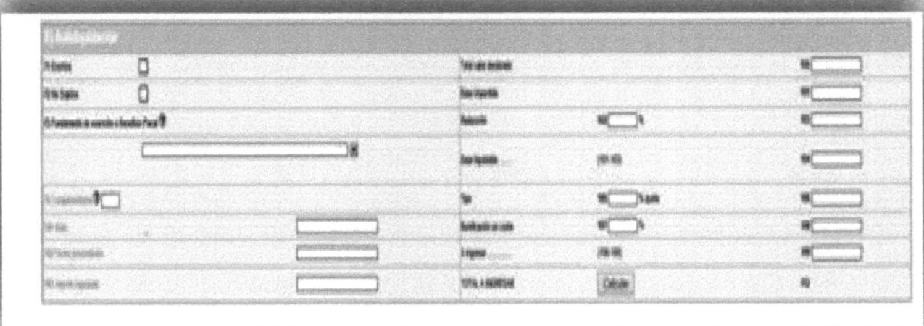

Wie Sie mittlerweile sicher selbst erkennen können, handelt es sich wieder um eine Bildschirmeingabe, aus welcher man zum Schluss ein PDF-Dokument über das Feld *Generar 600* (ganz oben zu finden) erhält.

Es empfiehlt sich auch hier, zuerst über den *Guardar* Button die Deklaration zu speichern.

Transmitente Presentador Operación Bien o Acto

Seleccione cada uno de los apartados para cumplimentarlo y cuando haya terminado, pulse en el botón "Generar 600", si lo desea puede "Guardar" los datos en cualquier momento

Bei der *Generaltitat Valenciana* erfolgt nach dem Ausführen von *enviar* meistens diese Seite:

Sie können trotz Warnung den zweiten Punkt anklicken und kommen so zu Ihrem *Modelo 600.* Allerdings habe ich es oft erlebt, dass es beim Internet Explorer (IE) nicht geht, bei Firefox aber schon. Es gibt auch eine Plattform namens Sara, über welche man interaktiv das Modelo, ähnlich wie beim Finanzamt, online ausfüllen kann. Es ist ein Karteikartensystem und erst wenn ein Punkt richtig ist kommt man zum nächsten. Denn die Eingabe über das oben abgebildete PDF soll bald abgeschafft werden.

Über diesen Link gelangen Sie dorthin:

https://sara-2-600.gva.es/sara_2_600-sara2600-frontend/?lang=es

Hier ist ein digitales Zertifikat von Nöten.

Generell empfehlen wir aber, es nicht über das Internet zu versuchen, sondern ein Formular zu kaufen und es mit Hilfe des *Liquidadors* auszufüllen, oder die Hilfe einer Asesoría in Anspruch zu nehmen.

05

Testament in Spanien

Neue Richtlinien im Erbrecht

Ungefähr 10 % aller Erbfälle in Europa sind grenzüberschreitend. Allein in Deutschland beträgt das Volumen der Erbfälle jährlich 100 bis 125 Milliarden Euro. 10 bis 12,5 Milliarden sind somit grenzüberschreitend. Klärende Vorschriften sind bei solch einem Volumen dringend geboten.

Bereits im Jahr 2002 legte das Deutsche

Notarinstitut eine von der Europäischen Kommission in Auftrag gegebene Studie über das internationale Erbrecht in der EU vor. Die Kommission hatte sich somit einen Überblick verschafft und konnte Schwachpunkte erkennen. Sie zog die Schlussfolgerung, dass einheitliche Regelungen zur Rechtssicherheit für alle EU-Bürger beitragen würden. Der Weg zu einer europäischen Erbrechtsverordnung war damals aber noch weit.

Die Europäische Union gab drei Ziele aus:

- Gewähr für berechenbare sowie zusammenhängende Vorschriften und damit mehr Rechtssicherheit.
- Mehr Spielraum für die Betroffenen bei der Wahl des auf ihren Nachlass anzuwendenden Rechts.
- Wahrung der Rechte von Erben und/oder Vermächtnisnehmern, aber auch von sonstigen Beteiligten wie z. B. Gläubigern.

Es sollte nicht in das materielle Erbrecht der

Mitgliedsstaaten eingegriffen werden. Die Klärung der Fragen, wer erbberechtigt ist, ob es einen Pflichtteil gibt, wie das Verhältnis von Ehegatten und Kindern ausgestaltet wird; um nur einige Beispiele aufzuführen, wird also weiterhin vom materiellen Recht der Staaten geregelt. In Deutschland ist dies das Bürgerliche Gesetzbuch (BGB).

Die erste Frage, die bei einem grenzüberschreitenden Erbfall zu beantworten ist, lautet also:

Welches materielle Recht findet Anwendung?

Bis heute lautet die Antwort: Das Recht der Nationalität des Erblassers. Für Deutsche bedeutet dies das BGB.

Genau dieser Punkt soll nun von der europäischen Rechtsverordnung verändert werden. In ihr ist vorgesehen, dass sich die Rechtsnachfolge nach dem Staat richtet, in dem der Erblasser im Zeitpunkt seines Todes seinen gewöhnlichen Aufenthalt hatte. Somit fände für residente Deutsche spanisches Erbrecht Anwendung.

Dies führt zu einem wesentlichen Unterschied.

So kennt das spanische Erbrecht sogenannte Noterben. Die Höhe dieses Noterbrechts wird von der Zugehörigkeit zu einer Personengruppe bestimmt. Kinder haben ein Noterbrecht von zwei Dritteln des reinen Nachlasses, wobei der Erblasser über ein Drittel hiervon zugunsten eines der Erbberechtigten frei verfügen kann. Gibt es keine Kinder, haben die Eltern des Erblassers ein Noterbrecht in Höhe der Hälfte des reinen Nachlasses. Ist der Erblasser verheiratet, reduziert sich dieses Noterbrecht der Eltern auf ein Drittel. Die Folge für den erbenden Ehegatten kann sein, dass seine Schwiegereltern plötzlich Miteigentümer an der mit dem Ehepartner erworbenen und aufgebauten Immobilie werden.

Allerdings kann man vom Recht des gewöhnlichen Aufenthalts abweichen, denn jeder Erblasser hat die Möglichkeit, das Recht des Staates zu wählen, dem er im Zeitpunkt der Rechtswahl oder seines Todes angehört. Ein deutscher Staatsangehöriger kann also entscheiden, dass seine Rechtsnachfolge nach BGB geregelt werden soll. Eine solche Rechtswahl kann und muss in einer letztwilligen Verfügung getroffen werden. Was bedeutet dies heute?

Schon seit einiger Zeit wird von den deutschen Rechtsexperten in Spanien empfohlen, die Rechtswahl bei Erstellung eines Testaments zu treffen. Jeder, der dies getan hat, kann sich also entspannt zurücklehnen. Diejenigen, die vorhaben, demnächst ein Testament zu beurkunden, können und sollten ihre Rechtswahl bei der Erstellung treffen.

Bei älteren Testamenten besteht spätestes ab 2015 Handlungsbedarf, denn seitdem ist die europäische Erbrechtsverordnung auch in Spanien in Kraft getreten. Man sollte sich also beizeiten informieren, ob man mit den durch die neue Rechtslage verursachten Änderungen einverstanden ist oder die Erstellung einer neuen letztwilligen Verfügung notwendig geworden ist.

Manche Makler oder Übersetzer bieten beim Kauf einer Immobilie gleich noch die Beurkundung eines Testaments an. Doch hier sollte man vorsichtig sein. Weder Makler noch Übersetzer sind Rechtsgelehrte. Sie haben ehrenwerte Berufe und makeln oder übersetzen sehr gut, denn das haben sie gelernt.

Es ist jedoch davon auszugehen, dass Sie kein fundiertes Wissen über Erbrecht haben. Sie würden die Reparatur Ihres Pkws auch nicht beim Bäcker in Auftrag geben. Ein Testament sollte nur ein Rechtsanwalt machen, und zwar einer aus Ihrem Herkunftsland. Selbst spanische Rechtsanwälte sind keine Experten für die Erstellung eines Testaments nach deutschem Recht, denn sie haben spanisches Recht gelernt.

Sie finden in Spanien genügend deutsche Rechtsanwälte, die sich auf die Erstellung von Testamenten für Deutsche mit Vermögen in Spanien spezialisiert haben.

06

Autoeinfuhr

Keiner kauft gerne die Katze im Sack. Und so entscheiden sich viele, ihr eigenes Auto nach Spanien umzumelden. Wenn sich Ihr PKW mehr als drei Monate in Spanien aufhält, sind Sie sogar zur Ummeldung verpflichtet. Ein Auto umzumelden ist nicht billig und mit sehr viel Zeit verbunden. Will man das Abenteuer wagen, es selbst umzumelden, muss man zunächst folgende Schritte ausführen:

(Die Ausführungen gelten nur für EU-Bürger, daher leider nicht für unsere Freunde aus der

Schweiz.)

Um den eigenen PKW umzumelden, müssen Sie im Besitz des Zulassungspapiers I und II sein.

Des Weiteren ist notwendig, dass digitale Zertifikat installiert zu haben. Legen Sie sich alle Unterlagen, welche Sie für die Autoummeldung benötigen nebst Kopien, zurecht:

- ✓ Personalausweis/Reisepass
- ✓ *N.I.E.* – Nummer
- ✓ Anmeldung vom Rathaus (*empadrionamiento*)

Falls diese noch nicht vorliegt, können Sie sich beim Rathaus wie folgt anmelden: Legen Sie folgende Papiere mit Kopien vor: Ausweis/Reisepass; N.I.E.- Nummer, *Escritura de Compraventa* oder Mietvertrag, Strom- oder Wasserrechnung und schon erhalten Sie ein sogenanntes *Empadrionamiento*.

- ✓ Autopapiere, KFZ-Brief und KFZ-Schein

- ✓ Wenn vorhanden COC Papiere (EU – EG Übereinstimmungsschein, dieser lässt eine *Homologacíon* entfallen)

Mit diesen Papieren fahren Sie beim zuständigen TÜV *(ITV)* vor. Dort wird zunächst die *Homologacíon* des Fahrzeuges gemacht. Anschließend können Sie mit Ihrem PKW zum TÜV fahren. Wichtig ist, dass Sie vorher sagen, dass es ein *Cambio de Residencia* ist.

Fragen Sie vorher nach, ob auf der ITV-Prüfstelle jemand ist, der die *Homolgacíon* macht. Sollte es niemanden hierfür geben, müssen Sie zuerst zu einem *Ingeniero,* um dies zu erledigen. Sicher kann Ihnen jemand vom *ITV*- Personal einen geeigneten *Ingeniero* empfehlen.

In der Regel können Sie die Papiere einen Tag später wieder abholen. Sie haben jetzt schon das erste spanische Papier in der Hand, die *Ficha Tecnica.*

Beispiel:

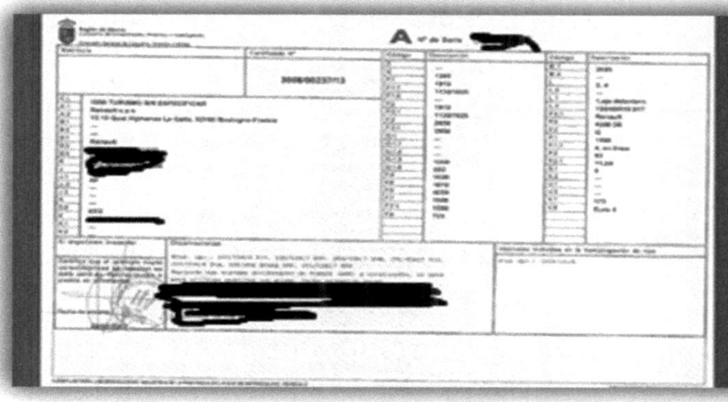

Jetzt kommt der nächste Schritt: Zahlung der Kfz-Steuer.

Die KFZ- Steuer

Dies ist von Stadt zu Stadt unterschiedlich geregelt. Entweder Sie zahlen diese im Rathaus oder im *SUMA*-Büro. Wird bei Ihnen z. B. die Grundsteuer von einem *SUMA*-Büro eingezogen, können Sie dort auch die Kfz-Steuer erledigen.

Bevor Sie das erledigen, müssen Sie jedoch auf der Website von *Tráfico*, das ist die Zulassungsstelle, ein Formular herunterladen. Gehen Sie dazu wie folgt vor:

Öffnen Sie die Seite *www.dgt.es* in Ihrem Browser.

Dann unten unter Acepto die Cookies annehmen.

Dann auf Sede Electrónica klicken:

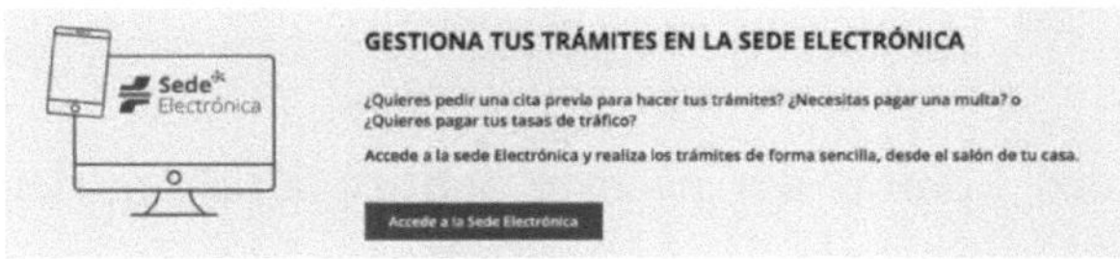

Klicken Sie dort auf *Vehículos*

Vehículos

Dann auf:

Matriculaciones de vehículos

Rechts erscheint eine PDF unter Descargo de impresos:

Descarga de impresos

Impreso de solicitud de matriculaciones

Es öffnet sich ein PDF-Dokument, welches Sie am PC ausfüllen können. Es ist ein Dokument für viele verschiedene Anliegen. Diese wählt man weiter unten aus, in unserem Fall kreuzen Sie Matriculación an mit dem Unterpunkt Ordinaria oder Turistíca bei normalem PKW.

☐ **MATRICULACIÓN**

☐ Ordinaria ☐ Histórica ☐ Turística

Servicio al que se destina el vehículo (*3):

Código electrónico. de matriculación:

Código electrónico de maquinaria agrícola:

DIRECCIÓN GENERAL DE TRÁFICO
JEFATURA DE TRÁFICO
MINISTERIO DEL INTERIOR

SOLICITUD DE MATRICULACIÓN

DATOS DEL REPRESENTANTE

TUTELA

DOMICILIO FISCAL DEL VEHÍCULO

DATOS DEL VEHÍCULO

PROCEDENCIA

DATOS FISCALES

DATOS AUTÓNOMO

Solicito la matriculación del vehículo citado

Im ersten Block die Daten des Autos, das Sie noch keine Kennzeichen haben, lassen Sie das Feld Matrícula frei und fangen im zweiten Feld mit der Erstzulassung an, daneben die Fahrgestellnummer.

DATOS DEL VEHÍCULO		
Matrícula:	Fecha de matriculación (dd/mm/aaaa):	Bastidor/NIVE:

Der Abschnitt *Domicilio Fiscal de Vehículo* meint die Adresse, an welcher der Pkw steht. In der Regel ist das ihre spanische Adresse

Im Block Datos del Interesado schreiben Sie ganz oben Ihre *N.I.E.*-Nummer und gleich daneben Ihr Geburtsdatum.

Darunter den Nachnamen, darunter den Vornamen, daneben die Mailadresse.

Im Block darunter kommt wie oben beschrieben ein Kreuz für das ausgewählte Anliegen:

☐ **MATRICULACIÓN**

☐ Ordinaria ☐ Histórica ☐ Turística

Servicio al que se destina el vehículo (*3):

Código electrónico. de matriculación:

Código electrónico de maquinaria agrícola:

In dem Feld *Servicio a que se destina* tragen Privatpersonen für Privatzwecke folgenden Code ein: B-00

Hier tragen Sie die Daten des Fahrers ein:

NOTIFICACIÓN DE CONDUCTOR HABITUAL (indicar conductor)

NIF/NIE:	Nombre:
Primer apellido:	Segundo apellido:

Dann ganz unten können Sie ihr Einverständnis erteilen, dass die Zulassungsstelle die Anmeldedaten beim Rathaus elektronisch abrufen darf.

Me opongo a que la Dirección General de Tráfico consulte electrónicamente mis datos personales referidos a:

☐ Empadronamiento.

Auf der gestrichelten Linie tragen Sie das

Datum ein und unterschreiben darunter.

Dieses Formular muss sowohl später bei der Zulassungsstelle als auch beim Beantragen der KFZ Steuer vorliegen, nebst dem spanischen ersten Zulassungspapier (Ficha Tecnica) welches Sie beim TÜV bekommen.

Die Zulassungssteuer

Jetzt sind Sie bereit, die KFZ-Steuer zu beantragen.

Bereiten Sie folgende Unterlagen mit Kopie vor:

- ✓ Personalausweis oder Reisepass
- ✓ N.I.E. – Nummer
- ✓ Einwohnermeldescheinigung (*Empadrionamiento*)

Falls diese noch nicht vorliegt, können Sie sich beim Rathaus wie folgt anmelden: Legen Sie folgende Papiere mit Kopien vor: Ausweis/Reisepass, N.I.E.- Nummer, *Escritura de Compraventa* oder Mietvertrag, Strom- oder Wasserrechnung. Danach erhalten Sie ein sogenanntes *Empadrionamiento.*

Beachten Sie bitte, dass das *Empadrionamiento*, nicht älter als 3 Monate ist.

- ✓ Autopapiere, KFZ-Brief und KFZ-Schein
- ✓ spanische *Ficha Tecnica*
- ✓ das eben ausgefüllte Papier *Solicitud de Matriculación*
- ✓ Falls Sie die Steuer jährlich abbuchen lassenmöchten, nehmen Sie eine spanische Bankverbindung mit und bitten um eine *Domicilación.* Diese wird dann in der Regel im kommenden Jahr abgebucht.

Sobald Sie den Kfz-Steuerbeleg haben, bezahlen Sie diesen vor Ort oder bei der auf dem Beleg angegebenen Bank.

Jetzt kommt der schwierigste Teil der Autoummeldung: Die Berechnung und Erstellung der Zulassungssteuer (Modelo 576)

Wir benötigen zunächst den Wert des KFZ, diesen können wir auf einer Liste abrufen, die jedes Jahr im BOE veröffentlicht wird.

Dafür bitte in Google folgenden Suchbegriff eingeben:

Precios medios de vehículos usados.

Dies ist der Link von 2021, aber er ändert sich jedes Jahr:

https://www.boe.es/eli/es/o/2021/12/20/hfp1442/dof/spa/pdf

Hier klicken Sie dann bitte auf den Punkt *PDF de la disposición*, es öffnet sich eine PDF-Datei mit über 400 Seiten.

In dieser Datei suchen Sie jetzt Ihr Fahrzeug und schreiben sich den Wert ganz rechts aus der Tabelle auf.

Nehmen wir einmal an, Ihr PKW hat einen Neuwert laut dieser PDF-Liste von 9.500.- €.

Von diesem Wert rechnen Sie den aktuellen Zeitwert gemäß folgender Tabelle:

Años de uso	Porcentajes
Hasta 1 año	100
Más de 1 año, hasta 2	84
Más de 2 años, hasta 3	67
Más de 3 años, hasta 4	56
Más de 4 años, hasta 5	47
Más de 5 años, hasta 6	39
Más de 6 años, hasta 7	34
Más de 7 años, hasta 8	28
Más de 8 años, hasta 9	24
Más de 9 años, hasta 10	19
Más de 10 años, hasta 11	17
Más de 11 años, hasta 12	13
Más de 12 años	10

Ist Ihr Auto jetzt älter als 6 Jahre, nehmen Sie die 9.500.- € x 34 %, dies entspricht einem Zeitwert von 3.230.- €.

Von dieser Summe müssen Sie aber noch nicht ausgehen, denn der spanische Staat hat ein Gesetz erlassen, dass gebrauchte importierte Autos nicht steuerlich benachteiligt werden dürfen. Deswegen gibt es diese Formel:

$$BI = \frac{VM}{1 + (tipo_{IVA} + tipo_{iEDMT} + tipos_{OTROS})}$$

VM = der eben errechnet Marktwert,

tipoIVA = der USt-Satz/100 zu welchem der PKW erworben wurde,

tipoiEDMT= Prozentsatz/100 der Zulassungssteuer,

tiposotros= andere bezahlte Steuern.

Um die Formel anwenden zu können, müssen Sie zunächst wissen, wie hoch jetzt die Zulassungssteuer ist. Diese bemisst sich anhand der Co2-Emission. Diesen Wert können Sie auf Ihrem spanischen Papier (ficha Tecnica) ablesen. Er steht ganz rechts im Feld V.7.

Jetzt erfolgt eine Einteilung in so genannte Epigrafen:

Epigrafe	CO2	Prozentsatz

1	bis 120 g/km	0%
2	120-160g/km	4,75%
3	160-200g/km	9,75%
4	200 oder mehr	14,75%
6 (Motorräder)	bis 100g/km	0%
7 (Motorräder)	bis 120g/km	4,75%
8 (Motorräder)	bis 140g/km	9,75%
9 (Motorräder)	über 140g/km	14,75%

Hinweis: Auf den Kanaren ist der Prozentsatz immer um 1 weniger, allerdings niemals unter 0.

Einige Provinzen haben Ausnahmen, welche ich hier abbilde:

Andalucía	Epígrafes 4 y 9 al 16,90% Epígrafe 5 al 13,80%
Asturias	Epígrafes 4 y 9 al 16%
Baleares	Epígrafe 4 al 16%
Cantabria	Epígrafes 3 al 9,75% Epígrafes 4 y 9 al 15% Epígrafe 5 al 12%
Cataluña	Epígrafes 4 y 9 al 16%
Extremadura	Epígrafes 2 y 7 al 5,20% Epígrafe 3 y 8 al 11% Epígrafes 4 y 9 al 16% Epígrafe 5 al 13%
Murcia	Epígrafes 4 y 9 al 15,9%
Valencia	Epígrafes 4 y 9 al 16%

Wenn der Pkw in unserem Beispiel 165 g/KM Emission hat, entspricht dies dem Prozentsatz von 9,75 %. Jetzt dürfen wir gemäß der eben angezeigten Formel den Marktwert korrigieren:

3.230.-€ geteilt durch 1+ (0,19* + 0,0975)

*=MwSt-Satz beim Kauf

Ergebnis = 2.508,74 €

Von diesem Wert ausgehend berechnen Sie die Zulassungssteuer: 2.508,74 x 9,75% = 244,60 €.

Dieses wäre der Betrag, der nach dem Beispiel bezahlt werden müsste.

Die Zahlung erfolgt mittels dem *Modelo 576* (bei Prozentsatz null, muss man ebenfalls das *Modelo* ausfüllen). Für diesen Zweck haben Sie das Benutzerzertifikat installiert. Für alle diejenigen, die dieses nicht haben, empfiehlt es sich, ein Steuerbüro aufzusuchen und nur diese eine Dienstleistung zu bezahlen. Vielleicht gibt es auch beim Finanzamt einen netten Beamten, der Ihnen das *Modelo* ausstellt.

Sie gehen zur Bank, bezahlen die errechnete Summe und erbitten einen *NRC-Code.*

Sie müssen der Bank folgendes sagen: *Modelo 576 0A*

die vorher errechnete Summe xxx€, Ihre *N.I.E.*-Nummer, Ihren Namen, und Ihr auf dem Etikett stehendes Anagramm (oder Sie nehmen gleich ein Etikett mit). Bei vielen Banken kann man die Steuern auch online bezahlen.

Sobald Sie diesen *NRC-Code* haben, rufen Sie das Modelo 576 auf, um das Formular zu generieren.

Gehen Sie wie folgt vor:

Öffnen Sie dazu wieder die Seite https://sede.agenciatributaria.gob.es/Sede/inicio.html

Klicken Sie unter dem Punkt Información y gestiones auf das LKW Icon

Vehículos y embarcaciones

Conoce las implicaciones fiscales de la compra de medios de transporte y los trámites del Registro Especial de Embarcaciones Neumáticas y Semirrígidas de Alta Velocidad

Dort auf Primera matriculación de medios transporte, dann den Punkt Todas las gestiones. Dort wählen Sie das Modelo 576 aus.

Gestiones

Modelo 576. Presentación

Hier wählen Sie den Punkt *Presentación de declaraciones* aus. Jetzt wählt der Browser automatisch Ihr zuvor installiertes Zertifikat aus, welches Sie bitte bestätigen.

Jetzt müssen Sie Automóviles auswählen.

Tipo de medio de transporte

- Automóviles
- Embarcaciones
- Aeronaves

Und dann die Fahrgestellnummer eintragen:

Número de bastidor

Über Aceptar gelangen Sie auf diese Seite:

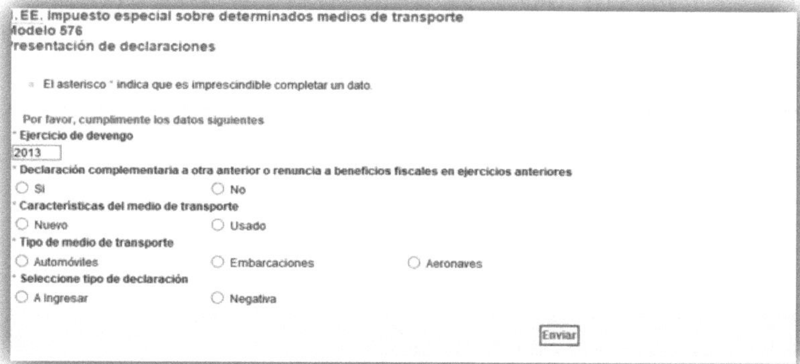
I.EE. Impuesto especial sobre determinados medios de transporte
Modelo 576
Presentación de declaraciones

El asterisco * indica que es imprescindible completar un dato.

Por favor, cumplimente los datos siguientes
* Ejercicio de devengo
2013
* Declaración complementaria a otra anterior o renuncia a beneficios fiscales en ejercicios anteriores
Si   No
* Características del medio de transporte
Nuevo   Usado
* Tipo de medio de transporte
Automóviles   Embarcaciones   Aeronaves
* Seleccione tipo de declaración
A ingresar   Negativa

Enviar

Hier müssen Sie noch einige Felder aktivieren, bevor es weitergeht.

Die erste Abfrage ist, ob Sie eine Korrektur zu einer vorherigen Deklaration vornehmen möchten. In unserem Beispiel klicken wir *No* an.

Die zweite Abfrage ist, ob es ein Neu- oder Gebrauchtwagen ist. In unserem Beispiel klicken wir *usado* (für gebraucht) an.

Die dritte Abfrage ist, um welche Art von Transportmittel es sich handelt. In unserem Beispiel klicken wir *Automóviles* an.

Die letzte Abfrage ist, ob wir Steuern zahlen oder nicht.

In unserem Beispiel klicken wir *A ingresar* an.

Dann klicken Sie *enviar*. Wenn der CO2 unter 120gr/KM ist, würde man hier Negativa ankreuzen, und später anstatt die Steuersummen überall analog 0,00 eintragen.

Jetzt sind Sie im eigentlichen *Modelo 576* und können die Daten eingeben. Da die Felder nicht nummeriert sind, werden im Folgenden immer kurze Ausschnitte gezeigt, damit Sie die Arbeitsschritte besser nachvollziehen können.

Bei *NRC* tragen Sie die Nummer ein, welche Sie von der Bank erhalten haben. Darunter, je nach Browser manchmal auch daneben, den *Importe.* Dieses ist der Betrag, den Sie bezahlt haben. Die Kommastellen kommen in ein extra Kästchen.

Bei *Apellidos y Nombre*, tragen Sie Ihren Nachnamen und Vornamen (Mustermann, Max) ein.

Der folgende Abschnitt *Hecho imponible*

wird an der ersten Möglichkeit angekreuzt:

Hecho imponible

- (•) Primera matriculación definitiva de medios de transporte
- ( ) Circulación o utilización en España sin solicitud de matriculación definitiva (ART. 65.1d Ley 38/1992 IIEE)
- ( ) Modificación circunstancias o requisitos determinantes de supuestos de no sujeción o exención (ART. 65.3 Ley 38/1992 IIEE)
- ( ) Introducción definitiva de medios de transporte desde Canarias a la península o Baleares
- ( ) Renuncia a beneficios fiscales reconocidos por la Administración tributaria

Der nächste Abschnitt ist *Características del medio de transporte*. Dort kreuzen Sie den 2.Punkt an. Dieser bedeutet, dass das Auto nicht aus Spanien, sondern aus dem übrigen Europa kommt.

Bei *Fecha puesto en servicio* tragen Sie das Datum (TT/MM/JJJJ) der Erstzulassung ein.

Bei *Kilometros de ultilización* benennen Sie den aktuellen Kilometerstand.

Características del medio de transporte

Medio de transporte usado ☑

○ Adquirido en España

◉ Adquirido en un Estado de la Unión Europea distinto de España

○ Adquirido en un Estado no miembro de la Unión Europea

Fecha puesta en servicio

[ ] / [ ] / [ ]

Kilometros de utilización

[ ]

Kommen wir zum nächsten Abschnitt:

Identificación de la persona o entidad que ha introducido en España el vehículo (sólo tarjetas ITV tipo "A")

Hier tragen Sie wieder Ihre *N.I.E.*-Nummer und Ihren Nachnamen und Vornamen ein:

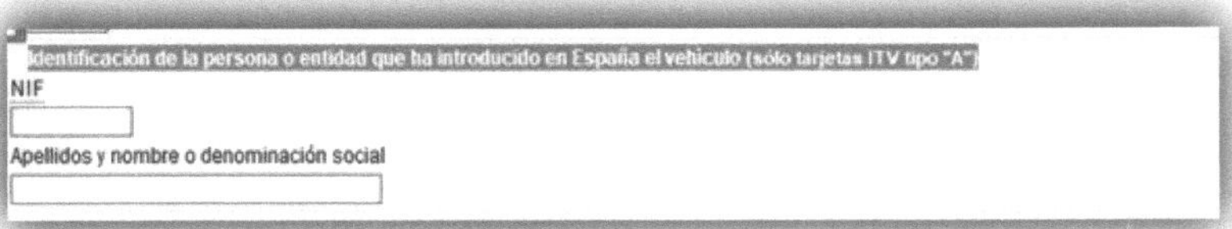

Identificación de la persona o entidad que ha introducido en España el vehículo (sólo tarjetas ITV tipo "A")

NIF

Apellidos y nombre o denominación social

Im Abschnitt *Vehículos* geht es um die Daten Ihres PKW. Bei Marca tragen Sie die Marke, bei Modelo-Tipo die Typenbezeichnung, bei Observaciones scrollen Sie bis zu dem Punkt *Resto de vehículos*, bei Motorädern bitte den entsprechenden Punkt auswählen.

Número de identificación (bastidor) meint die Fahrgestellnummer, *Código ITV* die Nummer des TÜV. Diese steht auf Ihrer *Ficha Tecnica* im TÜV-Stempel oder auf dem TÜV-Bericht.

Número de serie tarjeta ITV meint die Nummer, die ganz oben auf Ihrer *Ficha Tecnica* steht und mit einem A beginnt:

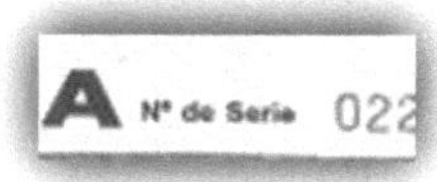

Bei *Clase de Combustible* tragen Sie den Kraftstoff ein.

Gasolina = Benzin

Motor Diesel = Diesel

Otros = andere

Bei *Cilindrada (CC)* den Hubraum, bei *Clasificacíon* übernehmen Sie den Code aus Ihrer *Ficha Tecnica*

(bei normalen PKW ist dies eine 1000):

Unter *Clasificación (70/156/CEE)* tragen Sie M1 ein,

bei *Emisiones CO2 (gr./Km)* Ihren Emissions Wert.

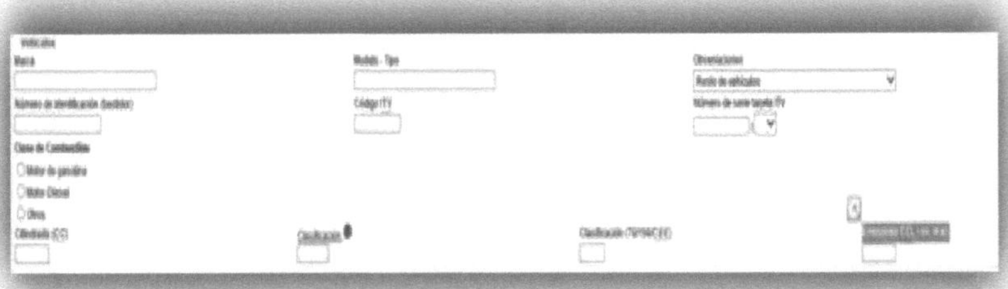

Unter dem Punkt *Liquidacíon* werden nun die

errechneten Zahlen eingegeben.

In *Base Imponible* Feld 01 tragen Sie den korrigierten Marktwert ein. Laut unserem Beispiel waren dies 2.508,74 €.

Vor dem Feld 3 wählen Sie den *Epigrafen* aus (in unserem Fall war es die Nummer 3). In das danebenstehende Feld 3 tragen Sie dann die dazugehörige Prozentzahl ein, in unserem Fall 9,75%.

In Feld 4 kommt der bezahlte Betrag laut *NRC-Code*, nämlich z.B. 9,75 % von 2.508,74 €. Diese Zahl tragen wir ebenfalls in Feld 6 + 8 ein.

Nach der Eingabe drücken Sie *Firmar y Enviar*. Das Formular wird mit Ihrem Zertifikat unterschrieben – diesen Vorgang müssen Sie bestätigen, dann sollte ein zweiseitiges PDF-Dokument erscheinen.

INFORMACIÓN DE LA PRESENTACIÓN DE LA DECLARACIÓN

MODELO 576

Registro

Oftmals behält sich das Finanzamt eine endgültige Prüfung der Berechnung vor. Sollte dies der Fall sein, wäre das folgende Feld mit der Prüfziffer leer:

In den meisten Fällen wird aber ein Code angezeigt, z.B. die 553F1xx.

Código Electrónico para la Matriculación : 553F1

Falls der Code leer ist, muss man mit den Unterlagen zum Finanzamt gehen, um den Code zu erhalten.

Dieses Formular drucken Sie jetzt zweimal aus. Sie benötigen beide Formulare für die

Zulassungsstelle.

Bevor Sie zur Zulassungsstelle gehen, füllen Sie das Formular fertig aus , welches wir schon bei Tráfico heruntergeladen haben. Es muss noch folgendes eingetragen werden:

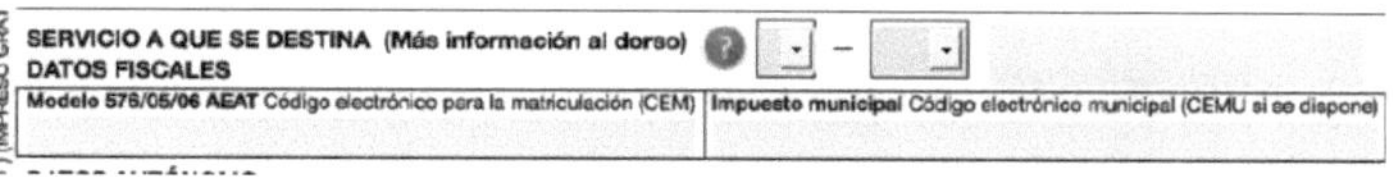

SERVICIO A QUE SE DESTINA **(Más información al dorso)**
DATOS FISCALES

Modelo 576/05/06 AEAT Código electrónico para la matriculación (CEM)	**Impuesto municipal** Código electrónico municipal (CEMU si se dispone)

Und zwar links den *Codigo Ihres Modelos 576* (steht unter *Número de Justificante*) und den Code der KFZ-Steuer.

Jetzt sind Sie bereit für den letzten Schritt, Ihre Unterlagen bei *Tráfico* zu präsentieren. Um herauszufinden, wo Ihre *Tráfico*-Stelle sitzt, gehen Sie wieder auf die Webseite www.dgt.es. Klicken Sie links in der Menüleiste auf *Trámites y Multas*:

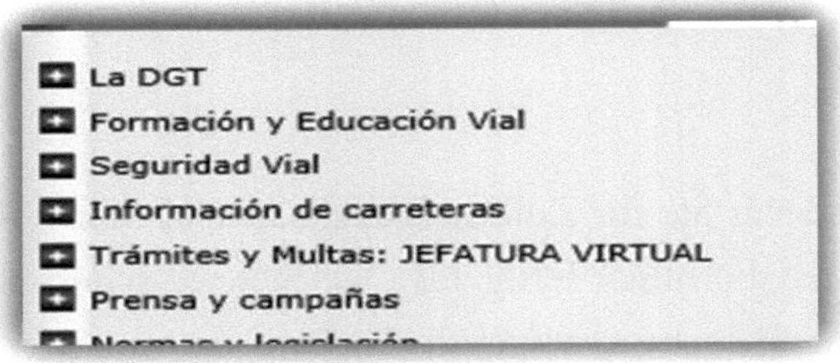

La DGT
Formación y Educación Vial
Seguridad Vial
Información de carreteras
Trámites y Multas: JEFATURA VIRTUAL
Prensa y campañas

Es öffnet sich ein Unter-Menü, dort klicken Sie auf *Jefaturas Provinciales.*

Trámites y Multas: JEFATURA VIRTUAL
Tu permiso de conducción
Tu coche
Verificación de documentos
¿Alguna Multa?
Autorizaciones especiales de circulación
Jefaturas Provinciales

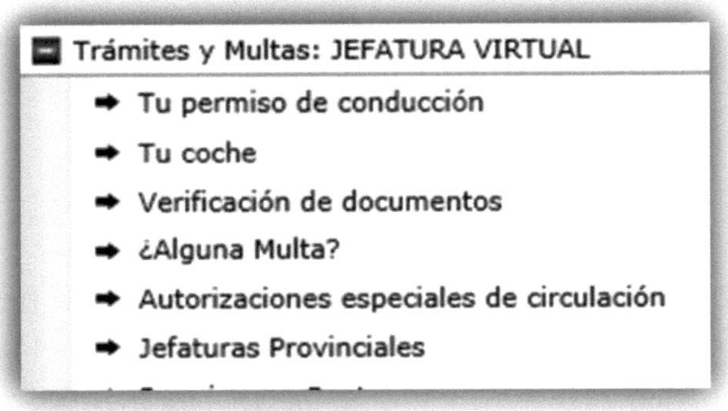

Es öffnet sich rechts ein Fenster, dort wählen Sie den Punkt *Jefaturas.*

Centro de Tratamiento de Denuncias Automatizadas

Centros de reconocimiento de conductores

Jefaturas

Jetzt klicken Sie ganz rechts auf *Dónde se puede solicitar.*

Información práctica

➡ ¿Dónde se puede solicitar?

Nun kommt eine Seite, in welcher Sie die Provinz eingeben. Drücken Sie dann *buscar.*

Es geht ein weiteres Fenster auf, in welchem die möglichen Städte dieser Provinz angezeigt werden. Sie müssen eine Stadt auswählen, dann *buscar* drücken. Anschließend erscheint rechts die Adresse samt Öffnungszeiten.

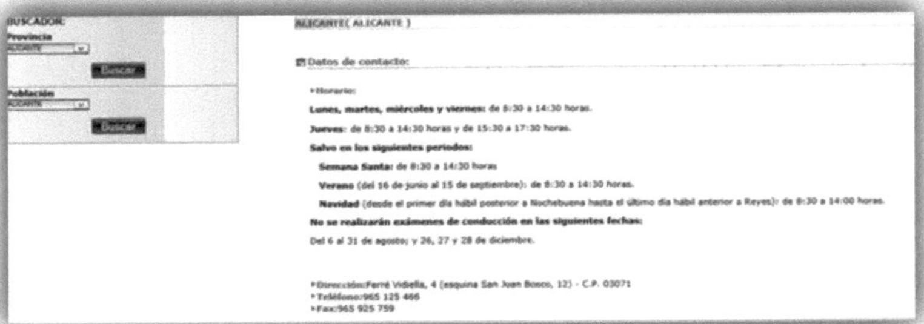

Neuerdings verlangen die Straßenverkehrsämter einen Termin, welchen man vorab im Internet vereinbaren muss:

Auf der Website: www.dgt.es den Punkt *Solicitud de cita previa* auswählen. Dann den Punkt Solicitar Cita Previa en Jefaturas auswählen. Es erschein diese Seite:

SOLICITUD DE CITA PREVIA PARA TRÁMITES EN OFICINA
Oficina donde desea solicitar la cita (*) Selecciona una oficina
Tipo de trámite (*) Seleccione un tipo

Hier wählen Sie ihr Straßenverkehrsamt aus und rechts die Aktion *Trámites de oficina.*

Dann erscheint eine neue Seite, dort weit unten den Punkt *Área Matriculación de vehículos* über die Taste *Continuar* auswählen. *Es erscheint ein Ausfüllfenster, Sie* müssen Ihre persönlichen Daten, N.I.E.-Nummer Vor- und Nachname eintragen, sowie im letzten Block Ihre Telefonnummer und die Fahrgestellnummer (nicht die Autonummer) eintragen und abschließen auf solicitar klicken. Dann können Sie sich einen Termin auswählen. Es empfiehlt sich diesen auszudrucken, denn Sie müssen den Zettel mitnehmen.

Bereiten Sie folgende Unterlagen mit je einer Kopie vor:

- ✓ Personalausweis/ Reisepass,
- ✓ *N.I.E.*–Nummer,

- ✓ Anmeldung vom Rathaus (*empadrionamiento*),
- ✓ ausländische Autopapiere, KFZ-Brief und –Schein,
- ✓ spanische *Ficha Tecnica,*
- ✓ *Solicitud de matriculación,*
- ✓ den bezahlten KFZ-Steuerbeleg,
- ✓ *Modelo 576* in doppelter Ausfertigung,
- ✓ Extra-Kopie des ausländischen Fahrzeugbriefes, welchen Sie bitte abstempeln lassen (Tráfico behält jetzt Ihre Papiere).

In der Regel müssen Sie sich in der Schlange für die Kasse anstellen. Dort legen Sie die *Solicitud de matriculación* vor und zahlen die entsprechende Gebühr. Sie bekommen eine Nummer und müssen warten, bis Sie zu einem Schalter aufgerufen werden. An diesem Schalter wird Ihnen auch gesagt, wann Sie die Unterlagen wieder abholen können.

Beim Abholen müssen Sie sich wieder eine Nummer holen. Dies geschieht durch Vorlage des nun abgestempelten Zettels des *Solicitud de matriculacíon*.

Nachdem Sie nun das letzte Papier – das *Permisio de Circulacion* - abgeholt haben, lassen Sie die Nummernschilder anfertigen und suchen eine Versicherung aus, um Ihren Pkw zu versichern.

Abmeldung der alten Kennzeichen

Die Abmeldung Ihres PKW`s geht nicht automatisch. Sie müssen mit der abgestempelten Kopie des KFZ-Briefes und einer Kopie der neuen Papiere sowie den Schildern und Ihrem Ausweis zum zuständigen Konsulat gehen. Dort bekommen Sie eine Abmeldebescheinigung, welche Sie in Deutschland (ggfs. auch Österreich) bei der Versicherung und der KFZ-Zulassungsstelle vorlegen können. Dies dient auch dazu, um eventuell schon bezahlte Steuern bzw. Versicherungsprämien zurückzufordern.

07

Steuerpflicht als Nichtresident

Welche Steuerpflichten hat man als Nichtresident?

Im letzten Quartal eines jeden Jahres ist Zahltag für alle Nichtresidenten (Ausländer ohne *Certificado de Residencia*), die über Immobilienbesitz in Spanien verfügen. In diesen drei Monaten bittet der Staat zur Kasse und verlangt die Grundsteuer sowie die Eigennutzungssteuer für Nichtresidenten (Modelo 210)

Die Grundsteuer ist eine lokale Abgabe, die an das Rathaus oder das zuständige Einzugsbehörde, die *Suma*, abzuführen ist. Die Frist hierzu endet meistens Anfang Oktober. Die Gemeinde informiert darüber schriftlich und schickt den Bescheid entweder an die spanische Adresse oder an den steuerlichen Vertreter. Mittlerweile werden auch vermehr E-Mails versandt. Durch anklicken des darin genannten Links kann man dann mit Eingabe des in der Mail genannten CSV (***C**ódigo **S**eguridad de **V**erificación*) und seiner *NIE*-Nummer das Dokument herunterladen.

Damit kann die Steuer innerhalb der genannten Frist auf einer Bank oder Sparkasse eingezahlt werden. Auch eine Zahlung direkt über die Webseite der Suma ist möglich, diese Auswahl können Sie direkt auf der Seite treffen, auf der Sie Ihren Beleg aufrufen können.

Bequemer geht es mit dem Abbuchungsverfahren, welches sich vor allem für diejenigen anbietet, die nicht dauernd Hierzulande leben und auch keine dritte Person mit der Steuerabgabe beauftragt haben.

Da den Immobilienbesitzern lediglich der Grundsteuerbescheid in den Briefkasten flattert, denken allerdings viele nicht an die Begleichung der Eigennutzungssteuer für Nichtresidenten. Die aber ist eine Bringschuld und es besteht die Verpflichtung, diese unaufgefordert bis spätestens 31. Dezember für das vorangegangene Jahr mit dem Formular (Modelo) 210 zu bezahlen. Das kann seit 2012 nicht mehr beim Finanzamt erworben werden, sondern ist nur im Internet vorhanden und kann dort online ausgefüllt werden.

Das Modelo 210

Zunächst muss man einen Internetzugang haben. Man geht auf die Seite

https://sede.agenciatributaria.gob.es

Durch Scrollen gelangen Sie zu dem Button *No residentes*, den Sie bitte anklicken.

No residentes

Información sobre la gestión de la renta y otras obligaciones tributarias para personas que no son residentes en España

Auf der nächsten Seite gelangen Sie durch Scrollen zu folgendem Bild:

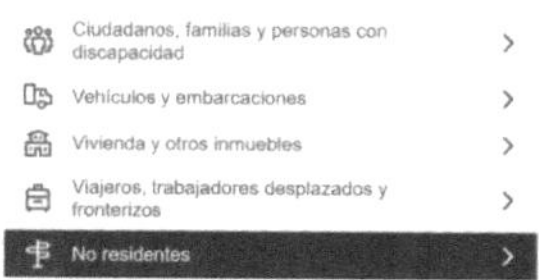

Impuesto sobre la Renta de no Residentes: rentas obtenidas sin establecimiento permanente
Los contribuyentes no residentes que obtienen rentas en territorio español sin mediación de establecimiento permanente tienen una forma de tributación específica que te explicamos con detalle

Impuesto sobre la Renta de no Residentes: rentas obtenidas con establecimiento permanente
Características más significativas de la tributación por este impuesto correspondiente a contribuyentes no residentes que realizan actividades económicas en territorio español mediante un establecimiento permanente

Sie wählen bitte den oberen Punkt in der rechten Spalte mit der blauen Überschrift:

Impuesto sobre la Renta de no Residentes: rentas obtenidas sin establecimiento permanente

Dort wählen Sie unter der Überschrift *Gestiones destacadas "todas las gestiones"* und Sie bekommen eine Auswahl an verschiedenen Modelos 210 angezeigt.

Für Sie kommt der Punkt *Predeclaración* und hierunter *Modelo 210. Devengos 2018 y siguientes. Formulario para su presentación (predeclaración)* zur Auswahl.

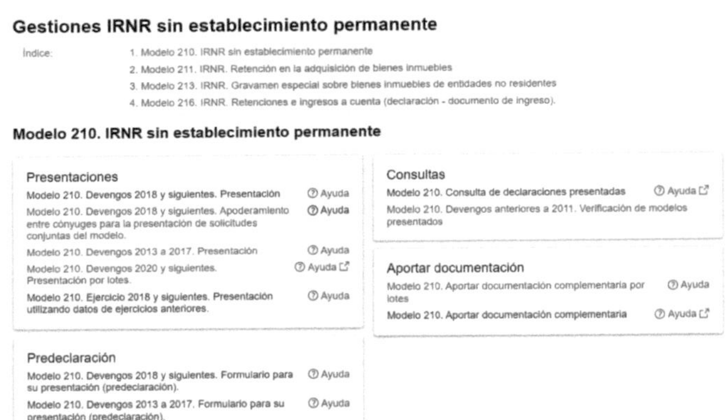

Für die Personen, die das gerne abgebucht haben möchten, wäre der Punkt *Presentacion de declaraciones* anstatt *predeclaracion* anzuklicken. Für die Abbuchungen benötigt man ein Benutzerzertifikat, welches man unter www.fnmt.es beantragen kann. Dieses Prozedere haben wir im Kapitel 3 beschrieben.

Wir wollen uns auf das *Modelo 210* zur Eigennutzung konzentrieren, welches man später auf der Bank bezahlt. Bevor Sie anfangen, sollten

Sie sich versichern, dass auf Ihrem PC der Adobe Acrobat Reader installiert ist (siehe Vorbemerkung).

Nun können Sie unter *Predeclaración* den Punkt *Modelo 210. Devengos 2018 y siguientes. Formulario para su presentación (predeclaración)* anklicken.

Dann erscheint das Ausfüllfenster, welches hier

Persona que realiza la autoliquidación

NIF *

Si no dispone de NIF o un código de identificación obtenido previamente, pulse aquí para obtener su código de identificación

Apellidos y nombre, razón social o denominación *

En su condición de *

- ☐ Contribuyente
- ☐ Representante del contribuyente

Responsable solidario

- ☐ Pagador
- ☐ Depositario
- ☐ Gestor
- ☐ Retenedor (Sólo para autoliquidación con solicitud de devolución)

bildlich dargestellt ist. Aus Gründen der besseren Übersicht ist die Eingabemaske in Blöcken abgebildet:

Der erste Block trägt die Überschrift: *Persona que realiza la autoliquidación*. Hier geht es um die Person, welche das Modelo 210 abgeben muss. Zuerst geben Sie Ihre *NIE*-Nummer ein (durchgehend ohne Bindestriche, 9-stellig).

Bei *Apellidos y nombre, razón social o*

denominación, geben Sie Ihren Nachnamen und Vornamen ein (Mustermann, Max).

Das Feld bei *S Contribuyente* müssen Sie markieren. Es folgt nun der nächste Block, mit der Überschrift *Devengo*. Dies bezieht sich auf das Jahr, für das die Steuer bezahlt wird. Sofern Sie 2022 den Veranlagungszeitraum 2021 deklarieren, gehen Sie wie folgt vor:

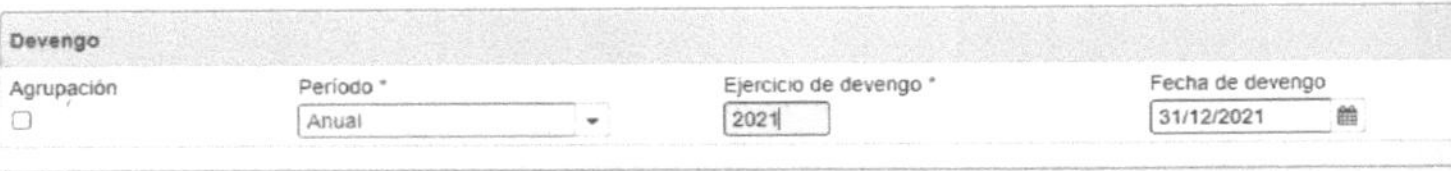

Im Feld *Período* geben Sie *Anual* an, das steht für eine jährliche Deklaration. Wenn man beispielsweise vermietet, muss man jedes Quartal eine Steuererklärung machen, deswegen gibt es hier verschiedene Auswahlfelder.

Bei *Ejercicio de devengo* geben Sie das Jahr an, z. B. 2021, bei *Fecha de devengo* geben Sie das Datum ein, dies ist immer der 31.12. des zu erklärenden Jahres. In diesem Fall geben Sie 31122021 ein.

Im nächsten Block bei *Renta obtenida* geht es um die Art der Steuererklärung, denn dieses Modelo 210 hat mehrere Verwendungsmöglichkeiten.

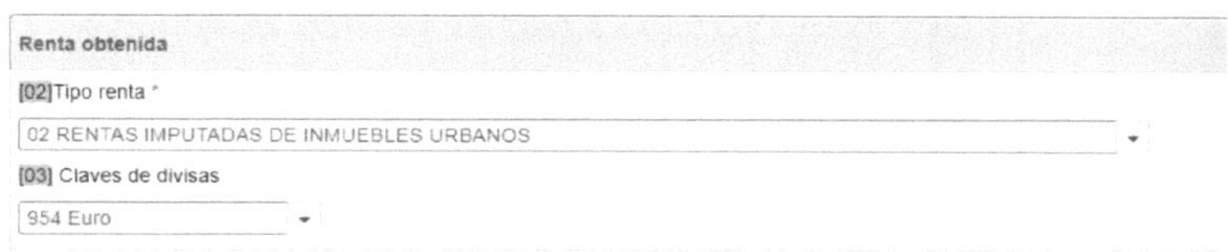

Renta obtenida

[02]Tipo renta *

02 RENTAS IMPUTADAS DE INMUEBLES URBANOS

[03] Claves de divisas

954 Euro

Wir wählen die 02 (bei Vermietung wäre es die 01).

Bei *claves de divisas* geben Sie Euro an. Es folgt der Block mit der Überschrift *Contribuyente*. Hier geht es um den Steuerpflichtigen. Beden-

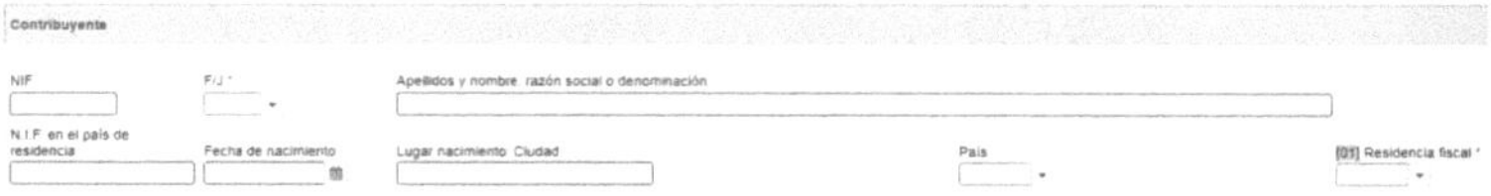

Contribuyente

NIF | F/J * | Apellidos y nombre, razón social o denominación

N.I.F. en el país de residencia | Fecha de nacimiento | Lugar nacimiento Ciudad | País | [01] Residencia fiscal *

ken Sie, dass jeder Eigentümer seinen prozentualen Anteil an der Immobilie selbst erklären muss. Haben Sie als Ehepaar eine Immobilie, muss jeder von Ihnen für seinen Anteil eine gesonderte Erklärung vornehmen. Im Feld *NIF* geben Sie Ihre *NIE*-Nummer an, bei F/J wählen Sie F für natürliche Person und J für juristische Personen (z. B. Gesellschaften).

Dann folgt *Apellidos y nombre, razón social o denominación*, dort geben Sie Ihren Nachnamen und Vornamen ein. Sollte normalerweise schon automatisch von oben übernommen worden sein. Im Feld *NIF en el país de residencia* geben Sie Ihre Steuernummer aus Ihrem steuerlichen Wohnsitz ein. Unter *Fecha de nacimiento* geben Sie Ihr Geburtsdatum im Format TTMMJJJJ ein. Bei *„Lugar de nacimiento: Ciudad"*, die Stadt, in welcher Sie geboren wurden. Im Feld *Código País* wählen Sie Ihr Geburtsland aus. Unter *Residencia fiscal: Código País*, wählen Sie im Dropdownfeld Ihren steuerlichen Wohnsitz aus. Jetzt kommt ein Eingabeblock, in welchem Sie die Heimatadresse in z. B. Deutschland, Österreich oder der Schweiz (*Dirección en el país de residencia)* eingeben müssen:

Dirección en el país de residencia

Domicilio	Datos complementarios del domicilio	Población/Ciudad
Correo electrónico		
Código postal(ZIP)	Provincia/Región/Estado	País
Teléfono fijo	Teléfono móvil	Nº de FAX

Unter *Domicilio* geben Sie den Straßennamen an. Bei *Datos complementarios del domicilio* tragen Sie eventuelle Zusätze zur Adresse, im Feld *Población/Ciudad* den Ort, unter *Código Postal*

(ZIP) die entsprechende Postleitzahl ein.

Im Feld *Provincia/Región/Estado* tragen Sie das Bundesland ein. Bei *Código País* wählen Sie Ihr Land aus. Es gibt zudem noch freiwillige Felder wie *Correo electrónico* (E-Mail) Telefon- und Faxnummer.

Der nächste Block *Representante* wäre für Ihren steuerlichen Vertreter bestimmt und kann in unserem Beispiel, ebenso wie der Block *Pagador*, übersprungen werden.

Es folgt der Eingabeblock für die Daten der Immobilie (*Situación del inmueble*), für welche Sie die Steuern zahlen (Bitte beachten Sie, dass dieses Feld sich nur öffnet, wenn Sie oben im Block bei *Renta obtenida* auch die *02* gewählt haben:

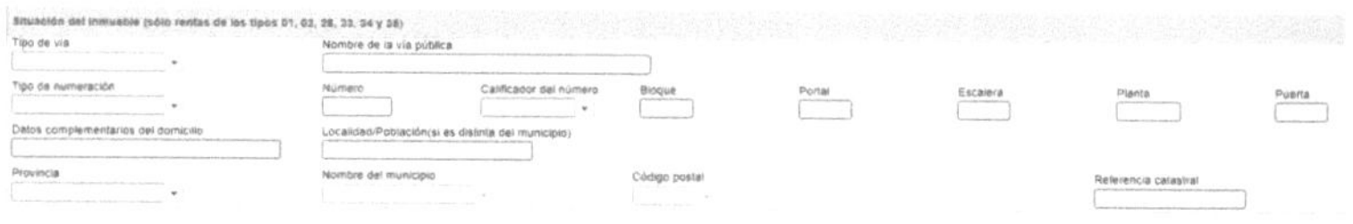
Situación del inmueble (sólo rentas de los tipos 01, 02, 28, 33, 34 y 38)
Tipo de vía
Nombre de la vía pública
Tipo de numeración
Número
Calificador del número
Bloque
Portal
Escalera
Planta
Puerta
Datos complementarios del domicilio
Localidad/Población(si es distinta del municipio)
Provincia
Nombre del municipio
Código postal
Referencia catastral

Tipo de Vía: Aus der Auswahlliste wählen, ob Straße, Urbanisation etc., *Nombre de la vía pública*: Straßennamen, *Tipo de numeración*:

Auswählen ob Nummer, Kilometer etc., *Número bis Puerta*: Hausnummer sowie Zusatzbezeichnungen, wie Etage, Stockwerk, Tür etc., *Datos complementarios del domicilio:* Zusatzadressangabe, wenn bislang oben nicht ausreichend, *Localidad/Población (si es distinta del municipio)*: Wohnort. Aber nur, wenn er sich vom Ortsnamen unterscheidet, *Provincia:* Provinz, *Nombre de Municipo*: Ort, *Código Postal*: Postleitzahl, *Referencia catastral*: Hier geben Sie Ihre Katasternummer ein. Diese befindet sich auf Ihrem Grundsteuerbeleg.

Es folgt der Block *Determinación de la base imponible.*

Hier geben Sie die Rechengrundlage ein.

Determinación de la base imponible
210 | Renta inmobiliaria imputada
Base imponible [04] Calcular la renta inmobiliaria imputada

Im Feld 04 tragen Sie die errechnete Summe ein, und zwar auf folgende Weise:

Es wird auf das Jahr der letzten Revision abgestellt. Wurde die Revision in den letzten 10 Jahren ab Veranlagungszeitraum durchgeführt, multipliziert man den Katasterwert mit 0,011 oder 1,1%, sonst multipliziert man mit 0,02 oder 2%. Beispielsweise, wir erklären jetzt das Jahr 2021, wurde Ihre Immobilie 2011 revisiert dürfen Sie den Katasterwert mit 1,1% multiplizieren. Wenn Sie sich nicht sicher sind, wann Ihre Immobilie revisiert wurde, kann man im Internet beim Katasteramt unter

http://www.catastro.meh.es/esp/ponencia_valores.asp

die Informationen abrufen:

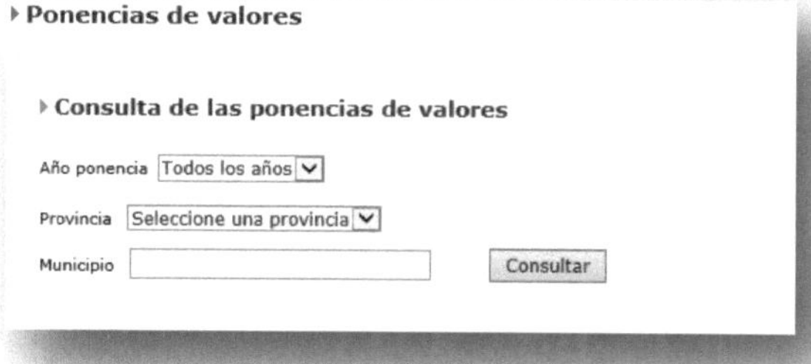

Hier wählen Sie ihre Provinz aus und die Stadt, achten Sie auf die richtige Schreibweise. Wenn Sie Ihre Stadt so nicht finden, schreiben Sie nur die Provinz und klicken auf Consultar, es erfolgt eine Liste aller Städte und Sie können Ihre Stadt auswählen. Geben wir z.B. Provinz Alicante, Municipo Torrevieja ein erscheint dies:

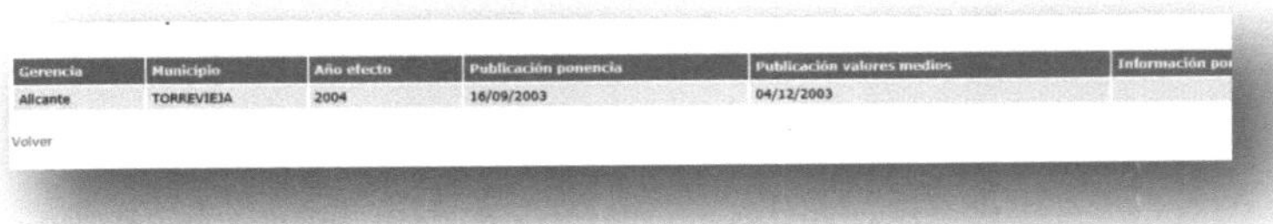

Gerencia	Municipio	Año efecto	Publicación ponencia	Publicación valores medios	Información po
Alicante	TORREVIEJA	2004	16/09/2003	04/12/2003	

Volver

Das *Año de efecto* ist das Jahr der *Revison* welches wir für die Berechnung benötigen.

Weiter geht es mit der *Liquidación*:

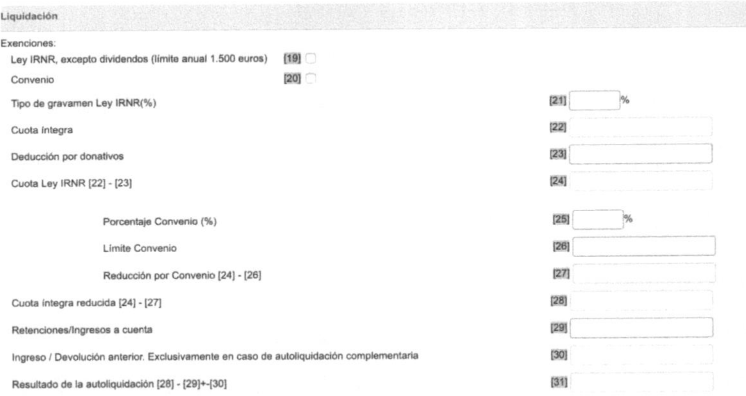

Liquidación

Exenciones:

Ley IRNR, excepto dividendos (límite anual 1.500 euros) [19]

Convenio [20]

Tipo de gravamen Ley IRNR(%) [21] %

Cuota íntegra [22]

Deducción por donativos [23]

Cuota Ley IRNR [22] - [23] [24]

Porcentaje Convenio (%) [25] %

Límite Convenio [26]

Reducción por Convenio [24] - [26] [27]

Cuota íntegra reducida [24] - [27] [28]

Retenciones/Ingresos a cuenta [29]

Ingreso / Devolución anterior. Exclusivamente en caso de autoliquidación complementaria [30]

Resultado de la autoliquidación [28] - [29]+-[30] [31]

Im Feld 21 geben Sie 19,00 an. Für alle anderen nicht EU-Länder gilt 24 %. Die zu zahlende Summe erscheint jetzt automatisch. Mit dem Punkt Validar declaración überprüfen Sie die

Richtigkeit.

Damit wir zu dem PDF kommen ist neuerdings ein kleiner Zwischenschritt eingebaut, wir klicken unten rechts auf *Seleccionar Ingreso/ Devolucíon*

Seleccionar Ingreso/Devolución

Jetzt müssen Sie im kommenden Block *a ingresar* (zum Bezahlen auf der Bank) anklicken.

Tipo de declaración

Resultado positivo

- A ingresar
- Ingreso por transferencia desde el extranjero

Die Summe steht automatisch im unteren Feld *Ingreso* und ist leicht gelb hinterlegt. Für alle Personen die aus dem Ausland überweisen möchten. Sie kreuzen anstatt *a Ingresar* den Punkt *Ingreso por transferencia desde el extranjero* an.

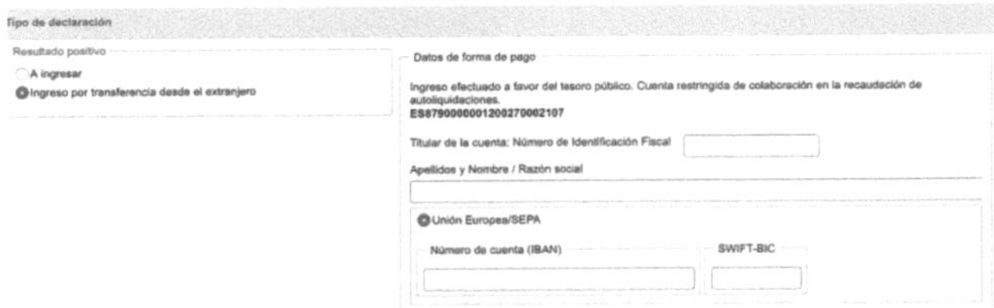

Hier geben Sie rechts Ihre NIE Nummer an, den Nachnamen und Vornamen, sowie die ersten Ziffern der ausländischen IBAN-Nummer, von welcher die Überweisung getätigt wird.

Wie immer empfehle ich, jetzt das Formular zu speichern. Das machen Sie ganz unten links im Kopf unter *Exportar*. Dann wird die Deklaration gespeichert, als Speicherort wird automatisch auf Ihrem Laufwerk C:/ ein Ordner AEAT angelegt, in welchem Sie die Datei wiederfinden. Achtung! Diese Datei können Sie nicht lesen, Sie dient nur zum erneuten Import, falls Sie Fehler gemacht haben und die Daten zum Korrigieren noch einmal einlesen möchten. Andernfalls müssen Sie alles neu eingeben.

Nachdem gespeichert ist, klicken Sie ganz unten rechts auf *Generar Predeclaración*.

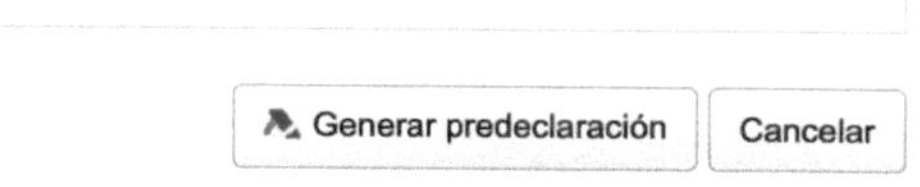

Das fertige fünfseitiges PDF-Dokument ausdrucken, und bei Ihrer Bank einzahlen. Aus Sicherheitsgründen empfiehlt es sich das Anagram, welches wir im Kapitel über die N.I.E-Nummer beschrieben haben, mitzunehmen oder am besten gleich ein Etikett. Dann hat die Bank es einfacher die Daten auszulesen. Die NIE Nummer müssen Sie auf der Seite für die Bank selbst hineinschreiben, bislang ist es dem Finanzamt nicht gelungen diesen Fehler zu beheben.

Bei Auslandsüberweisung erhalten Sie explizite Anweisungen in der dritten Seite wie Sie die Überweisung auszuführen haben. Neuerdings müssen die Überweisungen innerhalb 30 Tagen nach Druck des Modelos beim FA eingehen. Hier darf nichts weggelassen oder zugefügt werden. Wir empfehlen daher die „Copy Paste“ Methode um Fehler zu vermeiden.

Quellen

Website des spanischen Finanzamtes www.agenciatributaria.es

Website des spanischen Innenministeriums www.mir.es

Website der Generaltitat Valencia www.gva.es

Website Trafico www.dgt.es

Artikel aus der Zeitschrift „Carpe Diem": N.I.E.-Nummer,der Schlüssel zu allem und neue Richtlinien im Erbrecht. Urheber Rechtsanwalt Harald Bumiller

Dank

Zum Schluss möchte ich allen Mandanten danken, durch deren Fragen und Anregungen ich die Idee zum Buch bekommen habe. Es sind in naher Zukunft weitere Bücher geplant, welche Sie auch auf meiner Website oder im Handel finden werden. Viele der genannten Formulare biete ich auf meiner Website auch zum Download an. Besuchen Sie meine Website: www.kerstinbumiller.com

Des Weiteren bin ich Kinderbuchautorin, unter dem Pseudonym Audrey Harings finden Sie eine große Auswahl an Kinder- und Jugendbüchern.

www.audreyharings.com